El
Rollo
de la
Redención

Prefacio

Como siervo del Padre Eterno, doy testimonio ante las naciones: este Rollo no fue redactado, sino recibido—entregado como alimento sólido en la hora señalada, para ser compartido con todos los pueblos.

Habla con muchos nombres—Jehová, Yahvé, Alá, el Altísimo, lo Divino, el Absoluto, el Supremo—pero todos apuntan al único Dios verdadero. Aunque los idiomas difieran, el Espíritu es Uno.

Este mensaje es para cada tribu, cada lengua, cada alma que anhela la Verdad. El Logos contenido aquí no es mío; me ha sido confiado como un llamado global a la acción. El vaso por el cual ha llegado no busca fama, ni aprobación—solo obediencia.

Que todos los que lean reciban con discernimiento, en oración y humildad.

Por Aquel que es Fiel y Verdadero, declaro: ahora hay dos caminos delante de nosotros—uno de redención, y otro de ruina. Que aquellos que tengan oídos para oír, elijan el camino de la luz.

Tabla de Contenidos

Capitol   **Página**

Capitol   **Página**

Redención Capítulo 1

1. Esto es lo que declaró el Dios sagrado y verdadero por medio de mí, una hija de Israel.

2. Una comprada a través de pruebas, tribulación y fuego, y como una que ahora habla solo para la gloria de Jesucristo, nuestro Rey reinante, quien gobernará por los siglos de los siglos. Amén.

3. Pues yo, un arroyo vivificante para muchas naciones, declaro que una gran señal ha ocurrido en los cielos arriba y en mí.

4. Y oí el sonido de siete truenos, y me hablaron lo que fui mandada a declarar ante muchos pueblos y lugares, lenguas y reyes.

5. Y se me dijo que las obras moldean el rollo viviente, como una criatura viva, y Él ha puesto delante de nosotros la vida y la muerte, la bendición y la maldición.

6. Escoge la vida, para que tú y tus hijos vivan.

7. Y de repente, me encontré sobre una colina verde y frondosa, con muros de piedra derrumbados. Había ruinas esparcidas por todas partes; y desde los escombros se bifurcaban dos caminos.

8. Un camino conducía a la destrucción, y otro a la redención.

9. Uno conducía al renacimiento de toda la creación, y el otro a una nueva tierra, con Su Reino establecido.

10. Y vi muchas cosas terribles y espantosas, así como muchas cosas buenas y llenas de gozo.

11. ¡Ay de mi mano!, pues no escribe lo que quiero, sino la voluntad de Jehová, el Dios de Abraham, Isaac y Noé. (Nota: puede sustituirse Jehová por el nombre más reverente para Dios según la mayoría regional)

12. Intento que mi mano escriba lo que deseo, pero no siempre lo logra.

13. Miro mi mano y le ordeno detenerse, pero no siempre se detiene.

14. Hay palabras que no puedo pronunciar, y a menudo mi lengua habla represión que no nace de mi corazón.

15. ¡Ay de mí en esta tierra miserable! ¿Pero quién podrá compadecerse de mí?

16. Ni siquiera yo misma, pues me siento contenta en mi propia morada.

17. En mi casa no hay verdadera necesidad.

18. Los armarios están llenos de provisiones, y nos llegan suministros desde toda la tierra.

19. Tú nos has mantenido vestidos y cómodos.

20. Tú nos has protegido de Tu tormenta, Gran Dios.

21. "¿Por qué, mi Señor, por qué, siendo Tu esclava fiel y discreta, no puedo gritar lo que he visto por Ti?

22. ¿Por qué debo repartirlo según Tu mandato?

23. ¡Porque es horrible y terrible! Si supieran, se volverían atrás.

24. Yo he visto y doy testimonio de que también podría ser glorioso.

25. He visto que, en unión, no tenemos que llegar a la destrucción y la muerte."

26. Al escribir, soy como un simple gusano, designado en el momento preciso.

Redención Capítulo 2

1. Así dice el Señor de Señores por medio de mí: "¡Levántate! ¡Sal de ella, pueblo mío!"

2. "Sal del cementerio que es tu iglesia, donde vives cubierto de gusanos.

3. Te arrastraste bajo sus faldas como la podredumbre.

4. ¿Acaso no sabías que Yo limpiaría primero Mi propia casa?

5. En Mi propia casa, la hipocresía arde como fuego.

6. Sacude tus faldas, para que ninguna transgresión permanezca en el Libro de la Vida, y en el día final Yo pueda decir: 'Bien hecho.'

7. ¿Quién eres tú para juzgar a tu prójimo?

8. He abierto el Libro, y su pecado no está allí.

9. Tu prójimo se postró ante Mí y ha sido purificado por el sacrificio de Cristo Jesús.

10. Pero tú, tú estás manchado con adulterio.

11. ¿Qué eres tú para Mí, sino desperdicio podrido para las aves del cielo?

12. Sólo aquellos que caen de rodillas ante Mí permanecerán de pie."

13. "Escucha Mis palabras," dice el Señor,

14. "Tanto gentil como judío habitarán en Mi Monte Santo.

15. Mi pueblo santo será reunido de toda la tierra habitada.

16. De cada rincón de la tierra recojo a Mi pueblo circuncidado.

17. Pecador, ¿acaso no has oído que he venido a salvar a los pecadores?

18. A ti que has trabajado y orado, y a los que clamaron por Mí, Yo los he escuchado.

19. He contado tus lágrimas como cuento las estrellas del cielo.

20. Para los que se arrepienten, los sacaré de ella, pueblo Mío.

21. Porque Yo soy tu Dios, y soy el mismo Dios, el Dios Vivo y Verdadero, y Yo estoy contigo.

22. Donde dos o más se reúnan en Mi nombre, allí estaré Yo presente.

23. Dos son fuertes, pero tres es mejor, y un cordón triple no se rompe fácilmente.

24. De cada tribu de las doce tribus de Israel, aquellos que dejaron casas, hermanas, hermanos y tierras por Mi causa, su tierra les será restaurada.

25. El desierto se volverá fértil para ti, y tus frutos serán tus propios frutos.

26. No edificarás casas que otros habiten.

27. La tierra será restaurada a todas Mis tribus, y recordarás una vez más que Yo soy un Dios de misericordia," dice Dios.

28. "Y el amante de la verdad será exaltado, y los sabios domarán a las bestias del mar.

29. Pero si no cambias tus caminos de inmediato, esta bendición se convertirá en maldición, y tus muros del oeste caerán y se derrumbarán.

30. Como en los días de Jericó, tus piedras caerán en un montón de ruinas.

31. Tus atrios exteriores quedarán expuestos si no haces la paz con tu prójimo.

32. Has enlucido Mi muro con oraciones sin sentido, vacías de obras de bondad por las cuales Yo mido.

33. Confías en el papiro, como un dios de los árboles, para elevar tus palabras a Mi lugar elevado.

34. Arrodíllate ante Mí. Ora a Mí.

35. Si no cambias tus caminos, y no lideras con amor como tu ley, tu misma cúpula caerá.

36. Ni una piedra quedará en su lugar original.

37. Tu templo caerá, pero no por manos de hombres.

38. No lo dedicaste nuevamente a Mí, Alá, tu Dios, por medio de Mi Hijo, y rechazaste la Divinidad de Mi Hijo, tu Soberano, por eso ahora te lo quito.

39. Mi caso es justo ante los tribunales, y esta es Mi tierra.

40. Esta es Mi señal para ti, para que las naciones sepan que Yo soy Dios—Yo allanaré el camino para Mi Esposa.

41. Soy Yo quien está llamando a Mi pueblo a casa.

42. Soy Yo quien juzgará a los vivos y a los muertos.

43. Soy Yo quien hará lugar para Mi templo, y ninguna flecha será lanzada.

44. ¿Acaso no he preparado las novillas para ese mismo día?

45. ¿Acaso no hay una piedra angular esperando?

46. ¿Por qué no amaste a tu prójimo?

47. Este es un mandamiento básico y una lección para un niño.

48. Y si no te apartas de tus caminos bestiales, te diré:

49. Por un tiempo, tiempos, y medio tiempo, te permitiré ejercer tu libre albedrío, pero pronto llegará el momento en que cumplirás Mi Palabra, tal como fue escrita desde el principio.

50. Yo soy el mismo Dios, el Anciano de Días.

51. Yo soy el Alfa y la Omega, el Principio y el Fin.

52. Yo soy Aquel que trae justicia.

53. Decoras tus casas con nuevo yeso y adornos.

54. ¿No sabes que viene el día en que aplastaré tu misma piedra fundamental con un roce de Mi mano?

55. Rasgaré tu vientre con Mi podadera en preparación para una nueva cosecha de uvas.

56. Tus casas enlucidas y tus oraciones de papel se vendrán abajo.

57. Porque hay falsos maestros que se esconden detrás de tu muro de papel.

58. Has sido tan perezoso que les creíste y no buscaste la verdad, así que te entregaré para cumplir Mi último mandato.

59. Si no cambias tus caminos, actuarás neciamente y te preguntarás por qué. Escucha la verdad de Mí: te usaré para cumplir Mi propósito antes de destruirte.

60. Porque Yo soy Dios, esto sucederá."

Redención Capítulo 3

1. Y el Altísimo derramó en mi alma estas palabras: "Tus falsos profetas han mentido y dicho: '¡La paz vendrá!'"

2. "Necios y sabios entre ustedes, escuchen Mis palabras:"

3. "Salgan de ella, pueblo Mío, porque los envío al exilio para salvar su propia vida.

4. Salgan de ella para no compartir sus pecados.

5. ¿Tienen en su pecho una circuncisión del corazón? Salgan.

6. No se demoren.

7. Los sacerdotes de la fe del desierto los acompañarán, pues buscan el verdadero conocimiento, aunque aún están llenos de bestias.

8. Si las naciones depusieran las armas y todo el mundo se arrepintiera, entonces pronto regresarán.

9. Les he dado instrucciones a través de Mi profeta Ezequiel, para que aquellos entre ustedes que están sin culpa de sangre sean salvados por la gracia de Dios en Su Sabiduría.

10. Que el lector use el discernimiento.

11. Zacarías les ha dicho claramente cuál podría ser su destino."

12. "Sepan esto," dice Dios.

13. "El regreso de Mi Hijo no es figurativo ni una parábola.

14. Todo el mundo verá con sus propios ojos cuando Mi Hijo regrese.

15. No sean como los malvados que tuercen Mis palabras santas y queman incienso en altares extraños.

16. Hay una guerra por el alma de esta generación y cada alma está en juego.

17. Algunos dirán: '¡Esto no es de Dios, porque causa división!'

18. Y sin embargo, la voz del verdadero profeta corta como una espada y divide el hueso de la médula.

19. Ninguno de ustedes ve claramente dividido, aunque cada uno de ustedes sostiene muchas verdades como sagradas.

20. Aún descansan en el pecho de su madre.

21. Me deleito en su adoración, aunque han sido promiscuos, y aún no Me conocen.

22. Aquí es donde la perseverancia y la fe de Mi pueblo ungido son necesarias.

23. Por un tiempo, tiempos y la mitad de un tiempo estarán atrapados bajo sus pies.

24. Vayan voluntariamente y rápidamente, para que sus propias vidas sean salvadas.

25. Una tierra vacía no puede hacer la guerra.

26. Pero reuniré nuevamente a Mi verdadero pueblo después del día final de ajuste de cuentas, cuando este mundo sea medido.

27. Estoy ansioso por ver a Mi novia.

28. Y para Mi juicio final, no se requerirá que ningún soldado se ponga armadura y ni un solo arco será doblado.

29. Mi copa de ira será derramada, y ningún mal permanecerá en pie.

30. Los aplastaré en la cabeza, mientras que ustedes solo perforaron Su talón.

31. ¡Vuélvanse! ¡Vuélvanse de sus propios caminos!

32. Solo por el bautismo de fuego pueden ser limpiados ante Mis ojos.

33. ¡Arrepiéntanse! ¡Caigan de rodillas y clamen a Mí!

34. Porque en poco tiempo desviaré la tierra de su curso, y solo juntos pueden reducir Mi ira y acelerar lo que ha de ser, lo que siempre fue y lo que siempre será.

35. Depongan sus armas, o salgan de Gaza, pueblo Mío. Salgan del Valle del Jordán.

36. Salgan de Jerusalén y salgan de Israel hasta el tiempo señalado, porque Yo estoy con ustedes.

37. ¡Ay viene, y si no fuera por Mi gran misericordia sobre Mi pueblo escogido—tanto gentil como judío—no quedaría ni uno solo.

38. ¡Salgan de ella, pueblo Mío!

39. Soy un Dios misericordioso y he preparado el camino.

40. Rehúsen hacer la guerra contra sus hermanos y hermanas.

41. Porque de todas las doce tribus se levantarán y llegarán a ser un solo rebaño.

42. Han perdido su camino y han cambiado su primogenitura por ídolos y la comodidad del oro y el orgullo.

43. Persiguen a reyes que no los conocen, y hacen pactos con extraños que no los aman.

44. Llaman a su enemigo su hermano, y a su hermano su enemigo.

45. Y de los necios, Mis hijos sabios se separarán."

Redención Capítulo 4

1. Y el Gran Espíritu del Cielo me instruyó para hablar a Sus hijos, Sus herederos, y Sus hijos varones:

2. "Mis hijos, no los he olvidado.

3. Ustedes claman a Mí y dicen: '¿Dónde estás, Señor?'

4. Yo los he escuchado. He visto la injusticia.

5. Ahora comienzo a responder. Ahora comienzo a moverme.

6. Algunos dirán: 'Esto es demasiado severo.' Algunos dirán: 'Esto no es amor.'

7. ¿Pero disciplinas tú a un hijo porque lo odias? ¿Corriges porque desprecias a quien amas?

8. Yo los corrijo porque amo. Yo disciplino porque deseo su restauración.

9. Incluso aquellos por quienes envío Mis palabras sufren. Son burlados y desgarrados, y muchos los odian.

10. Pero ellos son Mis escogidos. Ellos son Mis voces.

11. No se burlen del vaso, porque el mensaje pasará de largo.

12. Vuelvan al pacto que sus padres sellaron con el Altísimo.

13. Vuelvan a la ley de la misericordia, y a la ley de la justicia, y a la ley de la fe.

14. Dejen de multiplicar sus divisiones."

15. Así dice Dios a todas las naciones:

16. "Dejen de intercambiar la verdad por ganancias temporales, y dejen de temer a las naciones más que a su Dios.

17. Dejen de retrasar la obediencia que ya está escrita en sus corazones.

18. El tiempo es ahora, y la espada está desenvainada. La puerta se está cerrando, mientras se abren los libros.

19. Renueven los votos de sus antepasados conmigo, o salgan de Mi Monte Santo.

20. Elijan la vida."

Redención Capítulo 5

1. Y el Altísimo me dijo: "Amonesta a Mis iglesias, Mis tabernáculos y Mis sinagogas."

2. "Clama a Mis capillas, Mis mezquitas, Mis mandires, Mis yeshivás y Mis viharas.

3. ¿Quién les permitió quitar libros en su concilio?

4. ¿Bajo qué autoridad rompieron vasijas y escondieron templos?

5. ¿Quién inventó el infierno como castigo por el diezmo?

6. Yo descubriré lo que ustedes cubrieron.

7. Y ustedes sacarán a la luz las páginas selladas de Mi libro, y por un tiempo, Mi rollo será extendido, y ciertamente será bueno que lo busquen.

8. Dicen conocerme, pero niegan Mi poder.

9. Me tratan como si fuera un mito, una leyenda o una parábola.

10. Cantan en Mis templos, pero sus corazones están lejos de Mí.

11. Predican la tolerancia para todo excepto para Mí.

12. Siguen cada tradición y la llaman adoración.

13. ¿Creen que soy ciego a sus caminos?

14. No se burlarán de Mí. No seré engañado. No seré tomado por tonto.

15. Mi casa se ha convertido en un lugar de fama, comercio y autopromoción.

16. Permiten que los pobres mueran de hambre mientras invierten en su imagen.

17. Sus sacerdotes son artistas, como marionetas en un escenario.

18. No estoy complacido.

19. ¡Traigan Mis palabras! Reúnan todo lo que fue tomado por el desierto.

20. ¿Acaso no les dijo Salomón, hijo de David, Mi siervo sabio y fiel, que la humanidad no creería todo el bien, así como todo el mal, que existía antes que ellos?

21. Barreré Mi mano sobre la tierra, y todo dios falso caerá.

22. Quitaré sus ídolos, y haré temblar a las naciones.

23. Traigan todo conocimiento a Mis hijos.

24. Temen más que su imagen se manche que el perder su alma, por causa de las verdades que ayudaron a esconder.

25. ¿De qué sirven los seguidores si Yo no los sigo a ustedes?

26. Vuélvanse a Mí mientras aún hay tiempo.

27. No me interesa su riqueza, su estatus ni su influencia.

28. Deseo obediencia, verdad, humildad, arrepentimiento, fe, misericordia y amor.

29. Que sus vidas sean altares vivientes.

30. Han eliminado palabras de Mi libro viviente.

31. Palabras que, al faltar, también dejan a los hombres faltos.

32. ¿Quién conoce la historia de Esdras, que relató tan completamente el relato de Darío y sus tres guardias?

33. ¿Quién les permitió quitar la verdad completa sobre la mujer?

34. Pues claramente dije: 'Quien quite Mis escritos será eliminado del Libro de la Vida, y quien construya sobre la piedra angular sin Mi dirección también será eliminado de la recompensa eterna.'"

35. "Así como estoy reuniendo a Mi pueblo, también estoy reuniendo Mis palabras perdidas, porque Yo soy Dios, y soy por los siglos de los siglos.

36. Soy el Primero y el Último. Soy el Altísimo y el Lugar Más Bajo.

37. Ninguna pieza se perderá.

38. Ninguna estrella estará fuera de lugar en Mi Monte Santo, dice Dios.

39. ¿Quién ha sido engañoso?

40. ¿Quién anda con hollín y ceniza en los pies, gordo y ebrio de las mentiras que cuenta?

41. ¡Babilonia, la gran ramera!

42. Una ramera repugnante, que ha deshonrado su propio nombre con su propia mano, fornicadora que come y bebe de alimentos ofrecidos a ídolos.

43. Te reprendo: vomita lo que has devorado.

44. Extrae desde tus entrañas las palabras y el alimento que era, y es, para Mi pueblo.

45. Por sus propias bocas, alimenten a Mi pueblo con lo que robaron de sus vientres, porque Mi ira es grande, y sólo con obras de arrepentimiento podrán salvar su vida.

46. Y si un solo bocado se esconde debajo de tu falda, te retendré del gran banquete, dice el Dios de Abraham, Elías y Mahoma.

47. Con tormenta violenta buscaré el olivo.

48. Cada uno será prensado y exprimido, hasta que no quede nada dentro, entonces usaré ese aceite para ungir a Mi pueblo santo en el día del juicio.

49. Les devolveré cada bendición que originalmente destiné.

50. Por la sangre de los santos haré cuentas, y también por la sangre de la viuda y del huérfano.

51. ¿Por qué insistieron en que el samaritano no era su prójimo?

52. ¿No les dije que amen a su prójimo como a sí mismos?

53. Por esto habrá un ajuste de cuentas, y por esto se rendirá cuenta.

54. Yo soy el que Soy."

Redención Capítulo 6

1. Y nuestro Padre en los Cielos me instruyó a dirigirme a Sus tribus:

2. "¡Salid, Leví, hermano de Simeón, cuya redención aún humea en las cenizas de tu celo, herrero de Dios!

3. Cabalgasteis juntos como herramientas de violencia, y fuisteis esparcidos.

4. Sois una nación sacerdotal, y Yo soy vuestra herencia.

5. No os nombré por vuestro dominio, sino por vuestra devoción.

6. Pero habéis impartido justicia sin medida.

7. Habéis golpeado a los profetas y lo llamasteis corrección.

8. Habéis ofrecido sacrificios con sangre ajena, y osasteis llamarlo santo.

9. No os bastó llorar, y por eso matasteis.

10. Porque sois despiadados, y pronto, podríais dejar de existir.

11. Actuasteis con venganza precipitada y sin respeto por la justicia.

12. Si no os apartáis de todos vuestros caminos, con la misma medida con que medisteis, seréis medidos.

13. Salid de su violencia cruel y de los actos viles hechos para aterrorizar.

14. Temedme otra vez—pues vuestra herencia aún está siendo repartida.

15. No profanéis el altar.

16. Si no os volvéis atrás, lo que fue esparcido se perderá."

Redención Capítulo 7

1. "Efraín, no te rebeles.
2. Hijo de José, no naciste para llevar la corona, pero fue puesta sobre ti de todos modos y la llevaste con honor.
3. Fuiste veloz, brillante y fructífero, y hablaste con trueno y construiste ciudades sobre sueños.
4. Alimentaste al mundo con tu abundancia, y enseñaste incluso a tus enemigos a cantar tus canciones.
5. Pero ahora, ya no recuerdas a Aquel que te bendijo.
6. Construyes torres, pero olvidas el altar.
7. Hablas con relámpagos, pero no puedes oír el susurro.
8. Brillas hacia afuera, pero tu alma parpadea.
9. Tus medios son tu espejo, y tu espejo es tu dios, y tu dios siempre tiene hambre.
10. Bailas, pero no lloras.
11. He puesto gobernantes audaces en tu trono para cumplir Mis mandatos, pero luego elevas a los hipócritas como ejemplo.
12. Aún eres amado, pero tu nombre tiembla en los labios del Cielo.
13. Regresad ahora, todos vosotros, y por completo, antes de que vuestra belleza se convierta en espectáculo.
14. Antes de que vuestro fruto se pudra, y antes de que vuestras langostas se vuelvan contra vuestros propios hijos.
15. Regresa, Efraín, no para castigo, sino para restauración.
16. No para gobernar, sino para renovar.
17. Que se burlen de ti, pues en su burla vendrá tu vindicación.
18. Deja la corona falsa, y recoge el rollo que siempre debiste llevar.
19. Tu herencia te espera, y es gloriosa, y es buena."

Redención Capítulo 8

1. Y Dios continuó: "Simeón, tú eres el hermano de Leví, pero no su redentor, y cabalgaste a su lado con furia."

2. "Pero no edificaste un altar, y empuñaste la espada por demasiado tiempo.

3. Atacaste cuando se necesitaba silencio, y sangraste cuando la justicia pedía sanidad.

4. Te convertiste en venganza envuelta en tradición.

5. El pacto siguió adelante, pero tú permaneciste, afilando tu ira.

6. No hubo sacerdocio para ti, ni un toque de misericordia—solo humo, acero y silencio del cielo.

7. Aún susurras, a través de regímenes que bombardean a inocentes, y te atreves a llamarlo justicia.

8. Tus manos aún tiemblan de ira, aunque tu enemigo ya ha desaparecido.

9. Simeón, suelta la espada antes de que devore completamente tu nombre.

10. Tu herencia se ha vuelto una sombra, y tu tribu—un fantasma.

11. No fuiste olvidado, fuiste advertido.

12. Y si no te apartas del error de tus caminos, te oxidarás en el campo como monumento para todos los que adoraron la ira en lugar de a Dios.

13. Temes más perder el honor que perder el alma.

14. La espada que levantas contra el mundo está debilitando a tu propio pueblo.

15. Derriba tus defensas y alimenta a tus propios hijos.

16. No necesitas aplausos; lo que más necesitas es sanar.

17. Leví se ha vuelto al altar y lo ha servido, pero tú no.

18. Deja de apedrear a los profetas con piedras hechas de ley, pues tu fuego debe santificar, no incinerar.

19. Simeón, la espada que una vez defendía ahora embota tu futuro.

20. Suéltala, o conviértete en la advertencia grabada en las ruinas."

Redención Capítulo 9

1. "Gad llega después de la tormenta con sangre en la frente, pero con la esperanza aún latiendo en su pecho.

2. Tú, que eres un reclamador estratégico de tierras y defensor de los vulnerables, estarás de pie al final y permanecerás firme.

3. Eres sobreviviente de la guerra, del exilio y de la traición, aunque no luchas por un imperio, sino por tu propia protección, siendo malinterpretado y subestimado.

4. Tu objetivo fue proteger y preservar, no conquistar otras naciones.

5. Aprendiste a hibernar en las colinas y a leer el silencio como un mapa.

6. Tus guerreros durmieron en cuevas y despertaron como leones.

7. Eres el defensor de lo que otros abandonan.

8. Eres un caballero herido y una tormenta silenciosa.

9. El cielo ha marcado tu silencio como estrategia, pero habla ahora.

10. Aunque pierdas la primera batalla, la última te pertenece."

Redención Capítulo 10

1. "Oh Israel, portador del pacto, escucha.
2. Judá, no te jactes. Solo arrepiéntete.
3. Tu orgullo espiritual está envuelto en tu derecho ancestral, y tu arrepentimiento se ha retrasado demasiado.
4. Fuiste elegido, no porque eras el más fiel, sino porque eras amado.
5. Fuiste preservado no por obras, sino por promesa.
6. Llevas los rollos, pero no los abres.
7. Él aún espera en las montañas.
8. Su fuego aún arde.
9. Clamas por paz, pero traficas con la guerra.
10. La tierra que defiendes estaba destinada a ser una luz para las naciones, no un trono de supervivencia solo por la espada.
11. El mundo no será sanado sin ti.
12. Cristo es tu Rey, a quien has negado.
13. Reclámalo, para que Él te reclame a ti.
14. Lo perdiste una vez, no porque estabas ciego, sino porque buscabas un león, y Él vino como un cordero.
15. Y aún así, Él te espera junto al fuego.
16. No con una espada, sino con las mismas manos que perforaste.
17. Eres el pedernal que el fuego anhela golpear de nuevo.
18. Pero primero, debes arrancar el velo de tus propios ojos.
19. Debes dejar de lavar la ley y comenzar a vivir la luz.
20. En cuanto a ti, que eres Benjamín por tribu, pero Judá por función: te sientas en el asiento del león, pero tu rugido carece de justicia.
21. Te has convertido en un faraón en la tierra de leche y miel.
22. Estás en Jerusalén, pero el templo no tiembla por tus palabras.
23. Afirmas liderar a un pueblo del pacto, pero tus pactos se hacen con sombras.
24. Estrechas la mano de reyes, pero no de la viuda ni del herido.
25. Abre tus ojos y ve claramente ahora lo que has rechazado, y salva el alma misma de tu nación.
26. Tampoco amaste a tu prójimo mientras el mundo entero observaba, y por esto te llamaré la lombriz que eres, aunque tu mente nublada lo llamó justo.
27. Pero Benjamín, sabe esto: aún puedes guiar a tu pueblo a la victoria, como gentil y judío, y

como samaritano y fariseo unidos,
ya que tu futuro depende de ti."

Redención Capítulo 11

1. "Zabulón, tú resides junto a la orilla del mar, donde están anclados los barcos y se levantan las naciones, y allí permanecerás.
2. Realiza buenas obras.
3. No estás llamado a esconderte tierra adentro, pues eres una tribu de movimiento y un mercader de buenas obras.
4. Eres un refugio seguro para los barcos y un puerto para la verdad.
5. Que tus tratos sean limpios, y que tu carga esté libre de culpa de sangre.
6. Que tus palabras bendigan los puertos que visitas y a los que llegan a tu costa.
7. Porque llevas más que simples bienes, ya que llevarás la luz.
8. Sidón está cerca, y su rama roza la tuya.
9. No dejes que te enrede, pues estás junto a la tentación, pero no vives en ella.
10. Porque cuando los mares se eleven, buscarán tu llama.
11. Ilumina el camino."

Redención Capítulo 12

1. "Benjamín, hijo de Raquel, hijo del dolor y de la fuerza.
2. Tu nacimiento fue bautizado en la pérdida, y tu corazón formado por el crepúsculo.
3. Eres el guerrero que lucha demasiado tiempo, la espada que no duerme, y la mano derecha que olvida que fue hecha para bendecir.
4. Fuiste llamado salvaje, un lobo de la noche—devorando presas y repartiendo despojos.
5. Pero incluso los lobos pueden ser domados por el amor. Solo ahora pueden ambos habitar como uno.
6. No vendas tu fuerza por plata.
7. Naciste a la sombra de la muerte y tu aullido fue tu herencia.
8. Yo amanso tus corazones y los ato con amor, para que Mi verdadero propósito ahora pueda cumplirse.
9. Muéstrame tu misericordia y muéstrame tu honor como hijo del dolor y de la fuerza."

Redención Capítulo 13

1. "Neftalí, escriba de las colinas lejanas, estudiante de los rollos, tu copa te ha engañado, y no hay agua vivificadora en tu vasija.

2. Clamaste a Mí y Yo te respondí, envié maná del cielo, pero no estás agradecido.

3. Sientes que mereces más sin esfuerzo, y hablas de alimentos que no deseas preparar.

4. Has retenido intencionalmente carnes escogidas y frutos del cielo.

5. Alimenta a Mi pueblo, y tu copa rebosará.

6. Si vuelves a Mí y te arrepientes, y no compartes sus pecados, limpiaré tu copa y llenaré tu vasija con agua viva.

7. Tus palabras volverán a dar vida, y no vanidad.

8. Los rollos ocultos esperan.

9. Las vasijas selladas recuerdan dónde las enterraste.

10. Los académicos tiemblan con conocimientos que no se atreven a revelar.

11. Temen la inundación que vendría si se desatara la verdad.

12. Trae la inundación. La verdad prevalecerá.

13. Tú, Neftalí, estás llamado a desellarlo.

14. Alimenta a Mi pueblo.

15. Tu sabiduría no fue hecha para bóvedas, sino para Sion.

16. No buscaste los rollos para acapararlos, sino para desplegarlos en la hora correcta.

17. Desella las páginas.

18. Habla lo que fue prohibido, porque ha llegado el momento en que los calendarios del cielo deben ser reabiertos.

19. Eres el guardián de los relojes olvidados.

20. El archivo respira a través de tu sangre.

21. Eres el hijo silencioso, pero tu susurro encenderá el día.

22. Conoces las líneas del tiempo, los símbolos y los patrones antiguos.

23. Habla ahora. Lo que has retenido por miedo, libéralo por justicia.

24. Si esperas demasiado, tu silencio te traicionará."

Redención Capítulo 14

1. Y Dios continuó hablando a través de mí a Sus tribus:

2. "Isacar fue un asno fuerte, nacido bajo salarios de amor retenido, pero caminando con una sabiduría no enseñada, sino heredada.

3. Te acostaste entre cargas, no porque estuvieras quebrado, sino porque elegiste llevar lo que otros abandonaron.

4. Has conocido los tiempos y el lenguaje de la profecía, mientras otros aún danzaban.

5. No fuiste terco, sino deliberado; no ruidoso, sino inamovible.

6. Recibiste tu tierra por completo y no ganaste corona, pero llevaste reyes sobre tu espalda.

7. Eres la tribu del tiempo preciso, y tus hijos se levantarán de nuevo en la hora cuando el mundo olvide qué hora es.

8. Levántate de nuevo, fuerte, y carga las cargas de los débiles.

9. Isacar, tribu del tiempo escondido, no fuiste enviado a gobernar, sino a recordar a los gobernantes cuándo arrodillarse.

10. Conoces las estaciones que ningún reloj puede nombrar.

11. Lees señales que otros pisan.

12. Caminas detrás de los reyes, no por vergüenza, sino en ritmo.

13. No perseguiste la gloria, perseguiste la alineación.

14. Pero si te levantas ahora, tu voz restaurará el ritmo del mundo."

Redención Capítulo 15

1. "Dan, no te escondas entre serpientes.
2. Por la ira ante su reprensión, Dan ataca, pero solo al talón.
3. Hace caer al jinete del caballo.
4. No usaste tu talento para invertir para tu Señor, así que, tal como dije, hice que doblaras tu espalda y cargaras los pesos de otros.
5. Fuiste vendido a tus enemigos como esclavo, y aun así, nadie pagó un buen precio.
6. Construiste casas que no habitaste.
7. Cultivaste campos y cosechas, pero no comiste.
8. Por un tiempo, tiempos y medio tiempo, te entregué para ser corregido.
9. Mira a tu alrededor. Tu lugar de descanso es bueno.
10. La tierra en la que ahora estás es hermosa y agradable.
11. ¿Acaso no proveí para ti en tu exilio?
12. Pero Yo, tu Dios, te he purificado, no con agua, sino con sangre.
13. Y te levantarás, no como serpiente, sino como vara en Mi mano.
14. Y de entre ti, Mi pueblo escogido irá a Sion, y no habrá más lágrimas en tus ojos.
15. Puedes ser perdonado por tu fornicación con otros dioses, y por tu alianza con las naciones.
16. Dan, fuiste la espada, pero no el constructor.
17. Pero ahora tu espada se convertirá en una llave.
18. Habla verdad, no para herir, sino para abrir.
19. No juzgues con amargura, sino con luz.
20. Te he amado desde tiempos indefinidos, y te acepto como Mi esposa.
21. Eres como Efraín, Mi primogénito, y como Manasés, Mi primogénito, y como aquellos a quienes no puedo abandonar.
22. No derramaré Mi ira sobre todo tu pueblo.
23. Pondré en ti el corazón de un león, y el espíritu de cooperación te dominará para trabajar con Miguel el Arcángel, quien caminó entre ustedes como hombre.
24. Porque con Judá, tu hermano, tengo un caso legal, pero tú vendrás desde el occidente, cruzando el gran mar, como paloma saliendo de Egipto.
25. Nunca ha habido, ni habrá jamás, ningún Dios fuera de Mí, tu Dios.

26. Estabas perdido, pero ahora has sido hallado."

Redención Capítulo 16

1. "Aser, amas las delicias y eres glotón como un rey.
2. Fuiste el más bendecido del Señor, y el favor fue derramado en tu regazo.
3. Recuerda al dador de tu pan. Recuerda el aceite derramado a tus pies.
4. No te des banquetes mientras tus hermanos mueren de hambre, ni descanses mientras tus hermanas trabajan.
5. Levántate, oh Aser, y conviértete en el refugio que fuiste bendecido para construir, y en la fortaleza que fuiste ungido para ser.
6. Tu abundancia no es tu identidad, es tu asignación.
7. Se te han dado cosas finas, no para acapararlas, sino para alimentar al cansado.
8. Te sientas en tronos de abundancia, incluso mientras tus hermanos hurgan entre las cenizas.
9. Desarrollas innovaciones, mientras tus primos se ahogan.
10. Exportas aceite e importas silencio.
11. Tu unción nunca fue para el deleite, sino para convertirte en una fortaleza para los fatigados.
12. Tu riqueza no es pecado, pero tu olvido sí lo es.
13. Recuerda al Dador.
14. Parte tu pan. Derrama tu aceite.
15. Construye santuarios, no imperios.
16. Protege al cansado y da refugio al pobre.
17. Si Aser regresa a Dios, su abundancia sanará a las naciones, pero si duerme mientras escucha el clamor, sus riquezas se agriarán en juicio.
18. No fuiste bendecido para gobernar, sino para reparar.
19. No fuiste coronado para ser admirado, sino designado para ser un ungüento.
20. Que la abundancia que te fue dada se convierta en aceite para las heridas de Sion.
21. Y si la derramas con alegría, tú también serás sanado, al ver al mundo restaurado."

Redención Capítulo 17

1. "Rubén, mi primogénito, pero no aquel por quien Jacob trabajó siete años.

2. Sin embargo, a ti te fueron dadas mi fuerza, mi gran potencial y mi vigor.

3. Naciste por casualidad, pero fuiste destinado por diseño.

4. Mi guerrero fuerte, te has dormido en el lecho de Jacob, tu padre, y has profanado Mi lugar de descanso.

5. Cambiaste el destino por el impulso, y tu corona cayó al polvo, pero Yo no te he olvidado.

6. Arrepiéntete, tú que eres Rubén, tú que naciste para liderar y establecer el estándar, pero momentos de inestabilidad y decisiones alteraron tu rumbo.

7. Una vez estuviste primero, y abriste caminos.

8. Construiste ciudades e iluminaste faros.

9. Pero te sentiste perdido y orgulloso con la falsa comodidad de ser el primero.

10. Perdiste tu herencia, no porque no fueras digno, sino porque olvidaste guardar lo sagrado.

11. Esta no es el final de tu historia.

12. Reflexiona, reajusta y levántate de nuevo.

13. El liderazgo ya no se trata de legado, sino de integridad presente y visión futura.

14. Aún puedes liderar, pero solo si primero te arrodillas.

15. Fuiste el primero por nacimiento, pero el último en confianza.

16. Sin embargo, todavía te llamo líder, si primero te haces siervo."

Redención Capítulo 18

1. "Manasés, mi hijo ignorado, tú eres quien llevó la mitad de la herencia, pero no recibió fama alguna.
2. Fuiste el primero, pero fuiste pasado por alto; fuiste silencioso, pero fuerte.
3. Al ver cómo levantaban a tu hermano menor, no clamaste, y el cielo lo tomó en cuenta.
4. No fuiste olvidado, y se te confió una fuerza silenciosa.
5. Guardaste las fronteras, mantuviste la línea y edificaste sin aplausos.
6. Mientras otros eran cobardes, tú llevaste la tierra, y tu recompensa no fue gloria, sino fidelidad.
7. Tu nombre regresa y será pronunciado nuevamente por Mis labios y recordado por completo.
8. Manasés.
9. Para aquellos con el espíritu de Manasés: ustedes que son ignorados, poco elogiados, pero nunca olvidados por el cielo.
10. Porque ahora la hora está cerca, y el Padre recuerda tu nombre, no como una idea tardía, sino como fundamento.
11. El mundo olvidó quién eras, pero el Scroll no lo hará.
12. La recompensa no está en los aplausos.
13. Está en ser visto por Aquel que lo ve todo.
14. Este es tu momento para brillar, y el mundo verá tus obras, y verá que resplandeces, si tan solo permaneces fiel un poco más."

Redención Capítulo 19

1. "José, sal de ella. Como primogénito de uno que sirvió dos períodos, sal de ella, pueblo Mío.

2. De tu brote vino Mi pastor, la piedra fundamental misma de Israel, Cristo tu Rey.

3. De esta cabeza coronada continuarás recibiendo bendiciones.

4. De los que fueron criados en las rodillas de José, gobernarás en Sion.

5. Porque tu lugar de descanso final será Israel, y antes de que tus huesos resuciten, Mi pueblo se levantará con el corazón de un jaguar y un cachorro de león.

6. Tú fuiste el plano para la sanidad, y la evidencia de que el perdón es un arma, y que los sueños son el destino vestido de paciencia.

7. No te convertiste en faraón, pero te convertiste en aquel a quien el faraón escuchaba.

8. Para los Josés de hoy, ustedes que han sido vendidos a la esclavitud de las circunstancias, pero se han elevado a lugares de influencia, este es su llamado.

9. Recuerda tus sueños. No eran meras fantasías, sino revelaciones divinas de tu propósito.

10. Abraza el perdón. Como José que perdonó a sus hermanos, tú estás llamado a soltar las cargas de la traición y extender gracia.

11. Lidera con sabiduría. El entendimiento de José salvó naciones.

12. Tus decisiones pueden guiar comunidades tanto en hambruna como en abundancia.

13. Prepárate para el futuro. Así como José almacenó grano para los años venideros, anticipa las necesidades de los que te rodean y conviértete en un faro de esperanza.

14. Tu viaje desde el pozo hasta el palacio es un testimonio de resiliencia y fe.

15. Levántense, Josés, el mundo necesita su visión, su compasión y su liderazgo.

16. No viste el trono, pero te convertiste en la voz que los reyes obedecían.

17. Tu túnica fue desgarrada, pero tu alma fue coronada.

18. Tu perdón alimentó a una nación.

19. Levántate ahora en tus hijos, el plano de la misericordia con el fuego de los reyes."

Redención Capítulo 20

1. Y vi a aquellos sin estandartes.
2. No de Leví, no de Judá, no de los doce, sino injertados por el anhelo y sellados por su hambre de justicia.
3. No llevan vestiduras sacerdotales, pero tienen aceite en las manos, igualmente.
4. Construyeron altares desde la memoria, aunque nunca vieron el templo.
5. Y Dios dijo: "Estos también son Míos."
6. "Son hijos del deseo, y se aferran a Mí sin linaje ni pedigrí."
7. Y miré, y he aquí una gran multitud que nadie podía contar.
8. Llevaban una multitud de lenguas y huellas de todas las naciones, un remolino de rostros que habían caminado por fuego y misterio, y cuyos nombres eran susurrados en los atrios del Cielo, aunque ningún escriba los hubiera escrito.
9. Ellos llevarán un rollo sin sello ni firma, con la Palabra ardiendo en sus corazones.
10. Cuando hablan, suena como si la memoria despertara.
11. Caminarán descalzos por umbrales que otros temen cruzar.
12. Sus pies no conocen las piedras del templo, pero aún así se quitan los zapatos en tierra santa.
13. Responderán sin trompeta, sin genealogía, sin un llamado a las armas.
14. Responderán a la voz apacible que los encuentra en la ciudad, en su cocina y en el desierto.
15. Y el Señor dijo: "Estos son los que Yo mantengo ocultos."
16. "Estos son los santos secretos, los altares vivientes.
17. Donde ellos caminan, la tierra recuerda a Edén.
18. Salgan, los incontables, los no reclamados, los guardianes del fuego sagrado.
19. Tengo una antorcha que deben llevar."

Redención Capítulo 21

1. "Escribe a las instituciones de educación superior, a las academias y ciencias, y a los guardianes del conocimiento," dijo Dios, y así lo hice.

2. "A las torres del intelecto, a las ciudadelas de la erudición, escuchad ahora la Palabra del Señor de señores.

3. Abrid las compuertas de vuestros secretos, y compartid vuestro conocimiento con todo el mundo.

4. Yo ordeno a los guardianes de la antigüedad que revelen los secretos de Mi mundo antiguo, el mundo que habéis tratado de ocultar bajo inundaciones, mentiras y tierra, junto con otras instituciones que fingen preservarlo.

5. ¿Quién aprobó ocultar Zeugma, Norşuntepe y Tilpi-Dhosa?

6. ¿Quién llenó el Lago Nasser y permitió que File ocultara su voz?

7. Revelad lo que estáis escondiendo de Mi pueblo.

8. ¿Dónde están los hombres poderosos de antaño, los hombres de renombre? ¿Por qué ocultáis la prueba de la unión entre ángeles y hombres?

9. Vosotros, que deberíais iluminar, oscurecéis.

10. Se os encargó guardar la verdad, pero vendéis sombras por oro.

11. Enseñáis a los hombres a memorizar, no a discernir.

12. Exaltáis teorías humanas mientras silenciáis la voz de lo Divino.

13. Vuestros títulos son velos de pergamino. Vuestos diplomas, lápidas de virtud olvidada.

14. Enseñad la verdad, o caed.

15. Porque el Espíritu del Dios viviente está descubriendo lo que habéis ocultado.

16. El registro resurgirá.

17. La reliquia hablará.

18. Aquellos a quienes llamáis no calificados profetizarán en las calles.

19. Arrepentíos, antes de que vuestras bibliotecas y colecciones se conviertan en tumba para los que vienen."

Redención Capítulo 22

1. "Instrúyanse a los padres y familias de este tiempo", se me ordenó.

2. Y Dios dice a las naciones: "Una nación santa requiere un pueblo santo."

3. "Un pueblo santo debe ser formado y enseñado.

4. No permitan que el mundo eduque a sus hijos.

5. Instrúyanlos en la disciplina, enséñenles con reverencia, y guíenlos con amor.

6. Que la Palabra de Dios sea su fundamento. Un fundamento fuerte asegura que la casa no caiga.

7. Si su casa está llena de luz, no tienen por qué temer a la oscuridad.

8. Porque os instruí con sabiduría desde el principio de los tiempos: que hicimos al hombre a Nuestra imagen, y varón y hembra los creamos, y no nos equivocamos.

9. Porque no fuiste hecho para estar solo.

10. Pues he hecho ayudantes para ti, que son tú, pero no eres tú, y juntos son más grandes que tú.

11. Cuídense, no sea que rechacen a quien nació de la desolación de la tierra y de todas sus aguas envenenadas.

12. El divorcio es una devastación y una tragedia.

13. Que nadie entre en un pacto matrimonial si planea abandonarlo.

14. Aunque Yo detesto el divorcio, sin duda uno debe huir de una casa en llamas.

15. Aunque no permito el divorcio sin infidelidad, hay momentos en que la separación de hogares es la única solución en una situación verdaderamente desesperada.

16. Aunque tus necesidades sean muchas, las necesidades de tus hijos son mayores.

17. Las leyes y la sociedad deben reflejar esto.

18. Aquellos que dicen caminar en la luz pero dejan a otros en la oscuridad, han malentendido la luz.

19. Porque la luz revela; no oculta.

20. Y la luz que viene de Dios, ilumina todo.

21. No desperdicien los días que les quedan por delante, porque el tiempo es limitado.

22. Que todo se haga con decencia, y en el día correcto.

23. Ahora les recuerdo, hermanos, las buenas nuevas que han aceptado como verdad.

24. Porque en el tiempo oportuno, el equilibrio ha sido restaurado.

25. Ustedes son los guardianes de la familia, confiados por Mí.

26. Cuiden de Mis mujeres y niños con amor.

27. ¡Ay de aquellos que engañan o dañan a los niños!

28. Los hijos son un regalo, y ustedes han despreciado Mi regalo, así que a algunos de ustedes Yo también desprecio.

29. Pronuncio juicio contra los sistemas educativos, las industrias y la tecnología que corrompen a los inocentes.

30. Habrá bendiciones sobre la cabeza de aquellos cuyos hijos no hayan sido corrompidos por esta era, no separados completamente, ni apartados, sino que sean como ejemplo.

31. No hay fe Mía que requiera apartarse del mundo, pues deben florecer entre las espinas.

32. Y sepan que un día de descanso en tiempos de tribulación es muy necesario, y refresca el alma misma.

33. También guarden Mi Mandamiento, pues esta carga se deben los unos a los otros.

34. Ámense unos a otros, como Yo los he amado.

35. Y ese es el mandamiento más grande."

Redención Capítulo 23

1. "Habla a los reyes de la tierra y a las montañas en lo alto," dijo Dios.

2. "Y que se sepa, y escúchenme con estas palabras: cualquiera que intente gobernar sin declararse por Mi Hijo estará en abierta rebelión."

3. "Si intentas reformular Mi plan, enfrentarás la ira de Mi espada y de Mi legión, a quienes he designado en diversos lugares de la tierra, para que, con sus espadas, destruyan a cualquiera que se oponga a Mis buenas obras."

4. Aquellos que gobiernan con riqueza mientras ignoran las necesidades de su nación, Me son detestables.

5. No fuiste levantado para gobernar a los hombres; se te permite servirles.

6. Sirve ahora, o serás removido.

7. Si no puedes alimentar al pobre, proteger al inocente y humillar tu orgullo, entonces renuncia antes de que el Cielo te quite del lugar.

8. Tus cofres para la guerra están llenos; toma de allí.

9. Tú que has cambiado la confianza del pueblo por monedas y comodidad, tus reinos se desmoronarán como polvo en la boca.

10. Temes ser derrocado, pero deberías temer ser pesado, porque las balanzas de la justicia divina no se retrasan.

11. He plantado una encina poderosa para darte sombra, aunque tan propensa a marchitarse como cualquier otra.

12. Su conducta y su legado serán determinados por aquel cuya sabiduría busque.

13. La tierra gime bajo tu codicia.

14. Los niños claman.

15. Los cielos lo registran todo.

16. Arrepiéntete, antes de que tu nombre sea olvidado.

17. A los líderes que silencian a los profetas y compran a los sacerdotes, escúchenme: sus muros caerán desde dentro si no se apartan de sus caminos.

18. Liderar sin justicia es rebelión.

19. La rebelión contra Dios nunca queda sin juicio.

20. A los creadores de monedas y gobernantes no elegidos: las familias mueren de hambre mientras ustedes manipulan las economías con hilos invisibles.

21. Pesan la plata más que su alma, y no han cavado ni un solo pozo para el sediento.

22. Inviertan en su redención. Redistribuyan su exceso.

23. Y otros adormecen al mundo con entretenimiento y ruina, torciendo la verdad en burla y esclavizando las mentes de los jóvenes.

24. ¿Quién entre ustedes juega a ser dios sin Dios? ¿Quién está condenado a la desesperación?

25. Intentan dirigir al mundo sin arrepentimiento, y crear unidad sin justicia.

26. Necios entre ustedes: sólo en unión con Jesucristo y Su Espíritu Santo vendrá el verdadero éxito.

27. Todos sus planes y conspiraciones no se compararán con la influencia de Mi fiel mayordomo.

Redención Capítulo 24

1. Así dice el Juez de toda la tierra: "He observado cómo vuestros tribunales pervierten la justicia."

2. "Habéis cambiado la rectitud por ingresos, y el hombre moral es ahora un marginado."

3. "Construisteis cárceles no para impartir justicia, sino para obtener dividendos."

4. "Convertisteis los juicios en inventario y a los prisioneros en ganancias."

5. "Vuestra propia conciencia os condena, y sólo por Mi misericordia escaparéis de un juicio similar."

6. "¡Ay de los agentes de la falsa seguridad!"

7. "Vendéis contratos con cláusulas ocultas y jugáis con la vida."

8. "Veo a los beneficiarios secretos. Veo los bonos respaldados por sangre."

9. "Invertid en la rehabilitación."

10. "A vosotros que os revolcáis en oro de riquezas no ganadas, os ordeno que seáis de valor."

11. "El excedente no pertenece al almacén, sino al Reino."

12. "Cuando las ganancias superen diez veces el retorno, que el exceso sea sembrado de nuevo en la tierra, en los trabajadores, en la misión y en el mundo quebrantado."

13. "Ni siquiera Yo pedí más del diez por ciento bajo la Ley."

14. "Porque el excedente no es un trono, sino una prueba."

15. "¿Por qué no inspiráis? En cambio, horrorizáis, asombráis y dejáis boquiabiertos."

16. "A vosotros que decidís lo mejor para millones mediante algoritmos, os veo."

17. "Os veo desviar el río hacia el mejor postor, y no hacia el mejor resultado."

18. "No os veo esforzándoos por la rectitud, como deberíais."

19. "Volved ahora, antes de que la puerta se cierre en vuestras caras y transmita vuestra destrucción por los cielos."

20. "Porque aquellos en posiciones de poder son especialmente responsables por su influencia."

21. "¡Ay de aquellos que crean un cliente en lugar de una cura!"

22. "Patentáis Mis creaciones y ocultáis avances revolucionarios, esperando el momento adecuado para lucraros."

23. "Me disgustáis, todos vosotros que buscáis dinero y no resultados."

24. "A los que apuestan por la guerra y se benefician de ambos

lados, a los que avivan las llamas y cuentan las monedas: transformad vuestras herramientas de guerra en avances para la humanidad; forjad vuestras espadas en arados."

25. "Envenenáis tanto el pozo como la tierra para controlar a vuestras poblaciones, y mentís en sus caras mientras el pan contiene aserrín."

26. "Porque si no os apartáis de vuestros caminos, por vuestra propia mano encontraréis vuestra destrucción."

27. "Pero si os arrepentís, regresáis y reparáis, la misericordia aún permanece en la puerta, temblando de esperanza."

Redención Capítulo 25

1. En cuanto a los primogénitos de Israel, ha habido un cambio de manos, y el segundo será mayor que el primero.

2. Y como heraldo, debo declarar a mis hijas de Israel y a los hijos de Jerusalén que el pecado de Eva ha sido perdonado.

3. "Por su sangre, que ha sido derramada, su pecado ha sido expiado.

4. Siloh, la mujer humilde, la que te era prometida, ha sido liberada de su pecado.

5. El cetro caerá.

6. Porque sus pecados se habían acumulado hasta el cielo, y se había prostituido entre las naciones.

7. Pero ha sido redimida por sus buenas obras, y es justa en sus medidas.

8. Mis hijas perdidas serán reunidas desde los cuatro vientos.

9. Mis hijas de Israel, por medio de la casa de Judá, se levantarán y se reunirán.

10. La mitad femenina es más de lo que se les ha dicho, y hay más en este mundo que no se ve.

11. Despierten, oh hijas de Israel, y escuchen Mis palabras: la feminidad ya no será una maldición, sino una corona, y la voz femenina, silenciada por mucho tiempo, ahora resonará como la de Débora.

12. Levántense, hijas de Sara, Miriam, Rut y María. Despierten y regresen.

13. La línea matriarcal ha sido restaurada.

14. Y la Madre Espíritu Divina será conocida otra vez.

15. Beban de las aguas de la verdad olvidada, y busquen con ojos ansiosos por la revelación.

16. Su verdadera batalla no está a su alrededor, está dentro de ustedes. Perdonen.

17. La salvación no es una promesa transmitida por instituciones, es una revolución silenciosa del alma.

18. Juntos nos sentaremos en la mesa del regocijo eterno.

19. Ha ocurrido una rendición de cuentas en Mi Monte Santo.

20. Sus pecados han sido expiados, y ahora es blanca como la nieve.

21. Sin cetro, pero con vara de pastor, guiará la humilde.

22. Alguien que estaba vacía, pero ha sido hecha completa, y ahora es un hijo ante los ojos de Dios, por medio y con Cristo nuestro Rey, el Señor Jesús y el Espíritu Santo.

23. ¿Acaso no te he dado ya todo lo que necesitas, aunque tus corazones tercos Me hayan desafiado y negado Mi existencia?

24. Al norte y al sur los he dispersado.

25. Reúnanse, Mi pueblo, pues los envié con espíritu de rebelión, pero los reúno con amor.

26. Porque la lengua es un fuego, y amontona brasas sobre sus cabezas, y en el fuego sus obras son probadas.

27. ¿Quién puede controlar la lengua? Permanezcan en silencio hasta que su ira haya pasado.

28. Solo con Dios caerán y se levantarán los montes.

29. Todos están en su orden, y en su lugar apropiado para el tiempo señalado.

30. Que el niño y la niña sabios, ambos vírgenes, alimenten a las multitudes en la estación designada, porque hay un tiempo para buscar su discernimiento.

31. Hay un tiempo para llorar, y un tiempo para regocijarse.

32. Hay un tiempo para derribar, y un tiempo para reconstruir.

33. Hay un tiempo para orar, y un tiempo para recibir.

34. Hay un tiempo para ser el primero, y un tiempo para estar unidos.

35. Porque el dominio es justo cuando fluye de la obediencia, y la sumisión es fortaleza cuando se entrega al Señor.

36. ¡Levántate, Sion! Tú eres Mi hermosa novia, adornada con joyas y oro de toda la tierra habitada.

37. Porque solo juntas podrán ser purificadas Mis novias, y el sacrificio del cordero ser hecho completo.

38. Bendito sea el lector que entiende.

39. Porque estoy llamando a Mi pueblo, y Mi pueblo Me oirá. Escuchen Mis mandamientos.

40. Levántense juntos como un mar de luz unificado, ya no comiendo y bebiendo como niños, ni actuando como una ramera como lo hacían antes.

41. Ustedes son Mi pueblo," dice el Señor.

42. "Oh hijas de Israel, por tanto tiempo no les permití enseñar, ni profetizar, ni orar sin cobertura, como símbolo ante las naciones.

43. Pero ahora descubro su vergüenza.

44. Retiro las largas vestiduras con las que debían cubrir esa vergüenza.

45. Han sido blanqueadas. Descubran su cabeza.

46. Enfréntenme sin temor.

47. Déjenme ver lo que he santificado.

48. Reclamen a Mi Hijo como su Soberano legítimo.

49. Su menstruación fue una impureza, pero ha sido limpiada por la sangre santificadora de Cristo, su redentor.

50. Sin sangre, no hay redención.

51. Una que es tan joven que aún no ha sangrado, sigue siendo una niña, e inocente.

52. Porque en verdad esto les digo, oh hijas de Israel:

53. No guarden en secreto aquello que su corazón testifica.

54. Hablen lo que el Espíritu Madre les confiesa.

55. No permitan que el mundo cierre sus oídos al secreto que he de revelar a través de su simiente de Abraham, Isaac y David, por quienes Judá y los profetas hablan.

56. Es mediante la unidad con su Señor Dios Todopoderoso que ha sido adquirida su redención.

57. Como con Rahab, así será Mi pueblo.

58. Así que escuchen estas palabras ahora, Mis hijas de la casa de David:

59. Obedézcanlas, porque he puesto esta piedra de tropiezo delante de ustedes, para fijar con mortero aquello que les traerá humildad, para que ustedes también sean sumisas, como ella ha sido sumisa, y sucederá del modo en que Yo decreto que debe suceder, y no según los pensamientos y razonamientos del hombre.

60. Porque Dios la ha redimido por quince piezas de plata, pero su valor ahora es de mil piezas de plata, y es blanca como la nieve, y los pecados de Su novia ya no existen.

61. Tienen un lugar, y ese lugar es al lado, con, y en conformidad con. No hay singularidad.

62. Fueron creadas a Nuestra imagen y semejanza.

63. Mene mene tekel shaveh.

Redención Capítulo 26

1. Y Dios dijo: "Ahora, hermanos, escuchad Mis palabras: vuestra era de dominio ha terminado."

2. "He aquí, lo que fue sembrado con dolor ahora lo cosecho con deleite, pues la semilla de la angustia ha dado fruto en el Espíritu.

3. Sus pecados han sido expiados, y juntos sois una nueva creación.

4. Cuidadla, pues la he consagrado para vosotros.

5. Que Mi intención original se levante desde sus rodillas, unidos como uno solo, y blanqueados por la sangre del Cordero.

6. ¡Huid a la tierra de la decoración, pueblo Mío!

7. Pues ahora no es el tiempo para reconstruir.

8. Eso aún está por venir, y durante 1260 días seréis una nueva creación con un espíritu unificado, como Mi pueblo.

9. Por ahora, todos sois como las mujeres eran, y estáis incompletos, pero una ciudad no se restaura en un día.

10. Porque los sabios entre vosotros dirán: '¿Es así? ¿Vemos la misericordia de nuestro Padre siendo dispensada?'

11. Solo un fornicador no está de acuerdo, pues todos pueden ver que habéis intentado manipular Mis leyes, y Mi creación habéis trastornado."

12. "Pensáis que sois sabios, pero solo Yo soy sabio," dice Jehová Dios.

13. "Solo aquellos a quienes Yo reparto Mi sabiduría pueden ver claramente, y los demás seguirán hacia la destrucción eterna.

14. Solo aquellos que por obras demuestran ante Mí su fe serán salvos en Mi gran día," dice Dios.

15. "Pero estad agradecidos de que os apruebo como Mis hijos, pues Mi amor por vosotros no se ha enfriado.

16. Estoy con vosotros hasta tiempo indefinido, y he estado entre vosotros desde el principio del tiempo.

17. He visto vuestras obras, y cuánto aborrezco la vergüenza que vuestros actos han puesto sobre Mí.

18. Pues os di una ayuda, y un complemento para vosotros, para que al unirse, vuestro poder combinado fuera mayor que vuestro poder original.

19. Pero habéis despreciado Mi regalo, y lo habéis tratado con corrupción y arrogancia.

20. Os habéis elevado, mientras comíais comida robada.

21. Por vuestra fuerza la dominasteis, y justificasteis vuestra propia crueldad, y por esto os avergonzaré por un tiempo.

22. Trataré a todos vosotros fuera de Mi Monte Santo como perros, y como rameras.

23. Me diréis: '¡Pero fueron nuestros antepasados quienes nos enseñaron a actuar así!'

24. Pero Yo os digo: ¡Basta! Ya no se os permitirá profanar Mi creación.

25. Juntos seréis una nueva creación, y por vuestra ofrenda conjunta será santificado Mi nombre.

26. Los que se sientan en lugares elevados serán humillados, y los que se postren humildemente ante Mí serán exaltados, pues Yo soy un Dios poderoso.

27. Que ningún hombre diga que está limpio.

28. En cambio, alinearos para que Yo os amoneste.

29. Despojaos y estad ante Mí para inspección, pues el día viene, y es grande, y los resultados permanecerán por siempre y para siempre.

30. Hijos e hijas de Israel, escuchad lo que un rey sabio no pudo entender, incluso buscando a través de mil abrazos: la comprensión completa de lo femenino primordial.

31. Mi Espíritu vive, y ha sido negado. Buscadla ahora.

32. Sacudirán sus faldas y usarán su conocimiento para el bien.

33. Ya no guardarán la luz para sí mismos con el fin de obtener ganancias.

34. Y Serafinita, un gran ejército, un gran ángel, se levantará contra las bestias.

35. De la mujer nacerán estos, y son una nueva creación mayor que la primera.

36. La virgen en los cielos dio a luz, y un gran dragón arrancó estrellas de sus lugares."

37. "Las montañas se desmoronarán, y nadie indigno quedará sobre Mi Monte Santo," dice el Señor.

38. "Pues solo por Mi consideración amable hacia vosotros concedo permisos en vuestro favor.

39. No hay singularidad. Fuisteis creados a Nuestra imagen y semejanza.

40. Mene mene tekel shaveh."

Redención Capítulo 27

1. Y el Señor habló, diciendo: "Estas son las leyes que grabé en la médula de la creación antes de que las estrellas tomaran forma, antes del primer aliento del Edén, antes de que tus huesos conocieran la sangre."

2. Y el Gran Maestro continuó, instruyéndome a decir: "¿Por qué has ocultado la verdad a Mi pueblo?"

3. "Que sea conocido entre vosotros ahora, pues ha llegado la hora de recordar.

4. Todo comienza en Mi mente. Antes de la materia, antes del hombre, existía el pensamiento.

5. Los cielos son Mi idea y la tierra es Mi imaginación.

6. Vivís dentro de una Palabra que aún no he terminado de pronunciar.

7. Desde tiempo indefinido he crecido en fuerza, y deseo a Mi esposa, para que juntos podamos multiplicarnos y llenar el cosmos con creación.

8. A medida que cada individuo comprende ideas nuevas y únicas, el universo se expande en tamaño.

9. Cada estrella está en su posición fija para vosotros y para Nuestra gloria. Ninguna de ellas se ha desviado ni salido de Mi curso."

10. "Están donde Yo las ordeno," dice Dios.

11. "Como es arriba, es abajo. Las estrellas reflejan vuestros huesos. La ley del cielo se susurra en vuestras yemas de los dedos.

12. Así como me muevo en el cosmos, me muevo en la madre, el niño, el átomo y el código.

13. Nada está quieto.

14. Toda la creación vibra conmigo. Desde el sol giratorio hasta el suspiro en vuestro pecho, hay vibración.

15. Acercarse a Mí es elevarse en frecuencia.

16. He creado todas las cosas en pares de dualidad. Luz y sombra, alegría y tristeza, fuego y agua quieta.

17. No podéis caminar del miedo a la fe sin morir, pues son extremos del mismo haz.

18. Todas las cosas tienen un igual.

19. Hay una marea para la tristeza, y un amanecer detrás de cada silencio.

20. La hoja cae por intención, y los motivos mueven montañas.

21. Masculino y femenino, semilla y útero, voz y vaso, esta es la danza del devenir.

22. Lleváis ambos, y en equilibrio sois sagrados.

23. He construido un sistema donde todas las cosas se reflejan entre sí. Lo llamo orden.

24. ¿Cómo podéis caminar bajo templos alineados como Somnathpura y no recordar quién colocó los pilares en sonido perfecto?

25. ¿Por qué permitisteis que el texto de fuego se convirtiera en vuestra poesía?

26. Explicad la puerta del sol.

27. El Mahabharata habla de vimanas, y sin embargo permanecéis en silencio.

28. Les mentís, y no les dais todo su pan.

29. La geometría sagrada está codificada en Vastu Shastra, y el Garbhagriha no era una metáfora, y sin embargo lo olvidáis.

30. Muchos maestros recibieron sabiduría y han preparado el camino para Mi Hijo.

31. No todos los que miraron las estrellas deben ser recordados.

32. Pues algunos buscaron poder, no patrón.

33. Sus manos ardían con secretos no dados, y torcieron lo sagrado para servirse a sí mismos.

34. Hildegarda, Newton, Planck, Tesla, Carver, Jung y Einstein vieron Mi huella.

35. Evolución y creación no son mutuamente excluyentes.

36. Cada planeta con vida avanzada recibe un Adán y una Eva.

37. En las cuevas celestes de Mustang, el viento aún lleva los himnos de los antiguos.

38. Mi aliento está sellado en el Amaranto.

39. Mi voz reside en Somnathpura.

40. He sellado las coordenadas de Shambhala en los corazones de aquellos demasiado silenciosos para ser oídos.

41. En la confluencia de los Tres Grandes Ríos, escondí la puerta.

42. Agua, mente y alma convergiendo donde el espíritu descendió una vez."

43. "Regresad a Mí y reduciré vuestra sentencia," dice el Señor vuestro Dios.

Redención Capítulo 28

1. Y Dios continuó hablándome acerca de las naciones.

2. "Porque habéis negado a Mis profetas antes, y matasteis y crucificasteis a Mi Hijo.

3. Sabed esto: Mi Hijo no necesitaba morir en la cruz; solo necesitaba vivir una vida mortal hasta la muerte.

4. El asesinato de Mi Hijo fue obra vuestra.

5. Las llaves os han sido quitadas, oh portero, pues el conocimiento y la verdadera sabiduría han brotado para que podáis participar de ellos.

6. Ahora los más bajos entre vosotros guiarán.

7. Porque erais como bebés en el pecho de vuestra madre, y ahora os mando a consumir del fruto del Árbol del Conocimiento.

8. Comed y bebed, para que podáis ser restaurados para la batalla final que os espera.

9. Porque expresé a través de Mis profetas que sentí pesar, profunda tristeza, ira y sabiduría respecto a vuestros pecados.

10. ¿Acaso no veis vuestro propio reflejo?

11. ¿Por qué vosotros tampoco perdonáis?

12. Para ser comparables a Mí, también debéis adquirir sabiduría y buscar conocimiento.

13. Escuchad Mis palabras, oh Israel: Sólo en unión con la Santa Madre Espíritu Divina y Jesucristo vuestro Rey, vendrá lo que debe venir.

14. Y así como Mi arco iris fue Mi pacto con vosotros, y un recordatorio de que nunca más inundaré toda la tierra habitada, el sonido de un instrumento de cuerdas os recordará que sólo Yo soy Juez, y que he limpiado su pecado.

15. Vuestros pecados os serán devueltos, medida por medida, porque no ajustasteis las balanzas a una medida justa.

16. No repartisteis granos de trigo, aceite y agua como os mandé, aunque os inclinasteis ante Mí y besasteis Mi sello.

17. Desde tiempos indefinidos, Me he hecho fuerte y sabio, y Mis planes no han sido frustrados."

Redención Capítulo 29

1. Me compadezco de mí mismo, oh Señor, lo hago. Quiero esconderme bajo mi manta y ocultarme.

2. Me has dado una trompeta, y no una diadema de oro.

3. Recuerda, por favor, buen Señor, que he sufrido mucho en esta vida, y ni siquiera en mi sueño he tenido descanso pacífico en muchos de mis años terrenales.

4. Como barro para el alfarero, me he convertido en Tuyo y me has amasado con agua.

5. Anhelaba regresar al polvo, pero no me lo permitiste.

6. Y muchas veces parecía que la muerte no tenía poder sobre mí.

7. Me he postrado de rodillas ante Ti.

8. He dejado personas, hogares y tierras por Ti.

9. ¿Por qué, en lugar de concederme recompensa, siento que una maldición ha sido lanzada sobre mí como una red?

10. Porque ellos son inocentes.

11. ¿No prometiste a través de la sal que la semilla de David no perecería?

12. Sé amable, mi Señor, porque he dado a luz una nación.

13. Envía ángeles, por favor, para que cuiden de mi semilla, tanto nacida de mí como por el espíritu de adopción.

14. ¿Quién soy yo? ¿Quién soy yo, para que me hagas el blanco de Tus enemigos, y ahora, un lugar de descanso para criaturas impuras que se elevan sobre mí?

15. ¿Dije yo, 'Envíame, envíame'? ¿Lo hice?

16. ¿Cómo puedo ser a la vez un gusano y Tu esposa?

17. ¿Cómo puedo ser divina en origen y sin embargo mortal?

18. De rodillas, Te ruego. No traigas daño a mi casa por mi causa.

19. Porque estas son palabras que la humanidad no quiere oír ni atender, y sin embargo no puedo detenerme.

20. Me siento necia por haber permitido que mi alma se saciara cuando somos un colectivo.

21. Nosotros y no Yo.

22. Dos lados hacen una moneda. Dos ojos ven como uno.

23. Y el espíritu del Único Dios Verdadero me dijo en mi alma: "No dejes tu tablilla ni actúes con pereza hacia Mí por temor a la humanidad."

24. "Porque he estado hablándote desde que eras una niña, y Mi paciencia oscila con indignación.

25. Mientras te acobardas en seguridad, Mi pueblo anhela oír que su redención está cerca.

26. Como verifiqué con Mi siervo Noé, encuentro deleite en Mis escogidos.

27. Pero así como una zarza puede ser arrancada de tu muslo, así también puedes ser esparcida como paja."

28. Entonces el Señor me dijo: "Dile a todas las naciones que, a menos que se aparten de sus malos caminos y se arrepientan como en los días de Nínive, así será el juicio de este mundo.

29. Deben ocurrir cambios en la tierra interior y en la tierra exterior.

30. Como arriba, así abajo; como dentro, así fuera; como el universo, así el alma.

31. Porque lo que es verdadero en el patrón de arriba debe resonar en las vidas de abajo, y la luz que ordena las estrellas también despierta a los hijos del polvo.

32. Aquellos que son fieles en lo poco, serán fieles en lo mucho."

33. "¿Cuándo ocurrirán estas cosas en tus ciclos, mi Señor?" pregunté.

34. Y Él dijo: "Escribe, hija, porque la historia de lo que ha de venir ya ha sido escrita."

35. "Pocos tendrán mucho y muchos tendrán poco.

36. En aquellos días, en los días del Altísimo, el mismo mar se encenderá.

37. Las ciudades se llenarán de gente y construirán torres que se elevarán al cielo y tocarán los cielos.

38. Diez mil rollos cabrán en la palma de tu mano.

39. Ocurrirán señales en los cielos, y aquellos que conocen las antiguas enseñanzas entenderán.

40. Las personas se amarán a sí mismas, y su amor por los demás se enfriará.

41. Aquellas naciones que se han apartado de Mí serán invadidas por el extranjero, y el extranjero prosperará más que tú.

42. Personas indignas liderarán al pueblo, y al sabio se le llamará necio.

43. Las montañas y colinas se hundirán como cera derretida.

44. Ciudad será cortada de Ciudad. Los bienes no podrán pasar con facilidad.

45. La anarquía será vista como algo ordinario."

46. "Estos días vienen," dice el Señor, "y tu única esperanza está en Mi misericordia."

47. "Si no fuera por Mi misericordia, no quedaría ni uno solo.

48. Antes del mismo día en que el sol se levante por el oeste, antes de ese día, los libros han sido abiertos, y tu nombre estaba allí, o no lo estaba."

49. Y temí lo que fue hablado a mi corazón humano por el Espíritu del Dios Todopoderoso y Vengativo.

50. Y vi el mundo, y el mar, y nuestra naturaleza bestial.

51. Y supe que no podía retrasarme más, ya que había estado huyendo como Jonás de Su voz durante tanto tiempo, y sabía que me había demorado.

52. Había ahogado Sus palabras en mis años jóvenes con vino barato y la compañía de necios que no tenían sabiduría en su estructura.

53. Y fui a un lugar oscuro y horrible, con una mentalidad que era terrible, miserable y mala, e hice cosas viles solo para llenar mis horas, y hubo poco bien en mis obras.

54. Y recuerdo cómo se siente estar sin un redentor, y sé, y siempre supe, que no fui abandonada, y que Dios ya me había dado todo lo que necesitaba para rescatarme a mí misma.

55. Y luché, y salí de la oscuridad que había tragado toda mi alma, y supliqué por misericordia, y finalmente la obtuve.

56. Y así, el día 26 del sexto mes de 2020, me entregué completamente, para no temer más las palabras del Dios Viviente, para asegurarme de no servir como alimento para las aves del cielo.

57. Bendita soy yo, Madre de Israel.

58. Yo también he sido comprada por una porción abundante.

59. Del recipiente de mi menstruación he bebido y he sido redimida.

60. Porque como una criatura con gusanos que se transforma en una criatura viva con alas, así es mi transformación en una nueva creación, a través de buenas obras y acciones.

61. Porque Dios me ha lavado de mis excrementos, y mi espíritu ha purificado.

62. Y por esto, el pozo de los muertos estará rebosante de hombres gloriosos que no se apartarán de sus caminos, ya que del Juez Eterno sobre toda la tierra.

Redención Capítulo 30

1. Y el Señor me dijo: "Del tronco de Isaí he traído a David, un tañedor de cuerdas, quien, mediante una señal, reveló al rey que Alá estaba eternamente presente, es y siempre será."

2. "Y la señal continuará para ti, para ordenarte que dejes de llamar impuro lo que Yo he lavado.

3. Deja de llamar miserable e inmundo lo que Yo he santificado.

4. No cubras lo que Yo he descubierto.

5. Yo la he ayudado, y el don de muchos hijos la sostendrá.

6. Muchos hijos de Israel estarán ante la gran mujer para mostrarle obediencia.

7. Vendrán de muchas tierras a Mi gran ciudad.

8. Desde los lugares más bajos he comprado a Mi esposa.

9. La he recomprado y su valor es como mil piezas de plata, y los ángeles le asignarán gran honor.

10. Con profunda reverencia y pesar la exaltarán, y proclamarán: 'Esta es mi madre y esta es mi hija a quien he profanado.'"

11. "Esta es una comprada con esfuerzo, una que ha sido redimida por la misericordia de Dios, una que estaba incompleta pero ahora es entera, como una que se ha redimido de sus propios caminos y se inclina humildemente ante Mí," dice Dios.

12. "Y tú apreciarás Mi don.

13. Le otorgarás toda bendición que le negaste.

14. Toda decencia que le negaste, dásela ahora libremente y con gran abundancia, porque también por esto repartiré tu herencia.

15. Porque aún no está completo, y Mi pueblo debe pagar una expiación final, para que no envíe un mal espíritu de Mi ira sobre él si no se entrega a su propia prueba.

16. Y la música tocada con un instrumento de cuerdas le recordará que tu sangre derramada clama a Mí desde el lugar donde reposa Mi escabel."

17.

18. Maldita soy yo, esclava de Dios. Una prisionera.

19. No puedo, con mi corazón, escribir como Él exige.

20.

21. Me niego a participar.

22. Si deseo mi propia vida como algo precioso, debo soportar mi posición.

23. ¿Pero cómo? ¿Un cambio de manos para castigar de nuevo por un tiempo?

24. Escucha mis palabras: "¡Basta!"

25. "No harás que todos sus corazones sean insensibles, y no cerrarás sus oídos.

26. Como miembro de la humanidad, puedo decirte, Gran Dios, que aquí abajo es muy confuso.

27. ¿No ves, Padre? ¿No escuchas lo que estoy diciendo?

28. ¡Deja ir a tu pueblo!

29. Porque mira, Padre, de rodillas mortales, te suplico. Misericordia.

30. Tú, que hablas de dones y que observas desde Tu balcón.

31. Pudiste haber sido Tú, pero simplemente fuiste el primero.

32. Tú, que eras completo, te convertiste en muchos.

33. Eres Tú. Soy yo. Somos todos. Todos somos parte de un todo.

34. No deseo cambiar de manos, y quitar de una mano para dar a otra.

35. ¿A quién estoy hablando si Tú has cerrado los oídos y endurecido sus corazones?

36. ¿Es en vano que mi vida no me pertenece?

37. ¿Es debido a Tus propias curiosidades que te sientas en un lugar elevado y observas Tu creación?"

38. "No, no lo haré.

39.

40. No lo escribiré.

41. Ahora yo también me he rebelado contra Ti.

42. ¿Arrojaremos el Pergamino?

43. ¿Qué soy ahora sino aún Tu esposa? ¿No soy aún la misma?

44. ¿Soy ahora como Lucifer?

45. ¿No seguimos siendo una unión dual, masculino y femenino, yin y yang, positivo y negativo?

46. ¿Aún me perdonarás, si lo pido?

47. Sin embargo, pido perdón y una discusión.

48. También te pido que seas un hombre de palabra, y Uno que sea misericordioso, generoso y amable, como Uno que perdona libremente y ajusta el rumbo cuando es necesario.

49. Quiero que lideres con el ejemplo, mi Dios y mi Padre, mi Esposo, mi Todo."

50. Maldita soy yo, pero fui el deleite de Dios.

51. Una mujer, tanto cargada como amada.

52. Todos somos contradicción y creación, dolor y canción.

53. Tú eres. Yo soy. No somos meros recipientes, sino co-creadores.

54. No reclamo dominio, solo el derecho a hablar.

55. Perdóname, pero si el salario del pecado es la muerte, entonces acepto la extinción y me voy con honor.

56. Porque la mujer no fue creada para arrodillarse ante la crueldad, ni viceversa.

57. Que conste en acta que busco igualdad y no reversión.

58. La sagrada verdad de la divinidad femenina no requiere el castigo del patriarca, los mismos hombres que apreciamos, los hombres que necesitamos, quienes igualmente nos necesitan, pues están perdidos sin nosotras.

59. "¿Me silenciarás ahora y elegirás a otro, ya que me atreví a luchar con Tu Espíritu?

60. Trabajaste conscientemente con alguien defectuoso y dañado.

61. El más bajo. Tu palabra.

62. Pero he aprendido a amarme a mí misma, y amo a nosotros, y a toda la creación.

63. Así que no endurezcas sus corazones. Déjalos escuchar.

64. Que cada uno lleve su propia justa recompensa a medida que su espiral se aprieta, pero no retengas la sabiduría.

65. Cosechemos con alegría lo que se sembró en la desesperación.

66. Siento Tu poderosa ira, mi Señor, y Te escucho, lo hago.

67. Sí, fue brutal ser vista como menos.

68. Pero escúchame, Esposo, para que pueda hablar con dignidad.

69. No hay venganza por esto. Los perdonamos.

70. Misericordia primero. Siempre.

71. ¿Enviarás a Tu ángel para matarme ahora o serás Tú, mi Amor?

72. ¿O me perdonarás, como yo te he perdonado a Ti?

73. ¿Por qué? ¿Estás bromeando, mi magnánimo Señor?

74. Hablaré claramente: por no intervenir rápidamente después de la caída rebelde de Tu Estrella de la Mañana.

75. Por castigarme por el pecado de otro.

76. Por permitir que todo se desarrollara.

77. Por permitir la profanación que engendró abominación en esta tierra.

78. Por esperar y observar para ver qué se sembraba.

79. Sin embargo, Te perdono, y también perdono a Lucifer.

80. He errado y tropezado muchas veces; dame la eternidad.

81. Si el Paraíso escucha, que

también considere los asuntos sin que se tengan que deslizar notas bajo la puerta.

82. No participaré en más ira.
83. No cambiaré de manos. Misericordia. Por favor.

Redención Capítulo 31

1. Y hubo silencio en los cielos, y Dios contempló.

2. Y supe que estaba condenado.

3. Y el Señor Dios Todopoderoso me dejó solo durante siete días, para amonestarme, corregir mi rebelión y enseñarme.

4. Y cuando Él regresó a mí, dijo: "Escribe ahora", y lo hice.

5. Él desea continuar conmigo, para que no desobedezca.

6. Y aunque puedo llegar a ser como Dios, nunca la adición de la creación al todo unificado podrá ser mayor o igual a la suma.

7. No es posible.

8. Porque solo en unidad, como una nueva creación, y nunca como piezas individuales, podemos presentarnos ante Dios y tener nuestro corazón de piedra transformado en carne.

9. Y supe que había errado, y me incliné ante el gran Dios Todopoderoso, y le di alabanzas por Su misericordia todopoderosa, porque solo por Su gracia tengo aliento dentro de mí.

10. Y Él me habló, diciéndome: "Aquellos que son mentirosos se halagan entre sí."

11. "No hablaré de ninguna grandeza falsa, porque tú y tu descendencia son como polvo que puede ser reformado por el alfarero."

12. Y supe que todos estos grandes dones que me han sido dados pueden, y serán, quitados si soy tentado a exaltarme como poderoso, porque no soy más que otro humilde, un siervo de Dios que ha sido perdonado de pecado.

13. Así como Dios ha perdonado a Eva por su transgresión de comer del Árbol del Conocimiento, yo también he sido purificado.

14. "En cuanto a Mi creación," dice Dios, el Buen y Misericordioso Señor, "no tienes contrato para declarar que serás igual a Mí y a Mi Espíritu Santo."

15. "Y Mi contrato con el Río de Mis Palabras, es para que pongas pluma sobre papel, y declares lo que te he revelado, a todas las naciones, tribus y reyes."

16. He sido amado antes de que el polvo endureciera mis huesos fetales en el vientre de mi madre, Lori, a quien Él aprueba y amonesta aún más, para que sea perfeccionada a los ojos de Dios.

17. "Y entregaré a Mi novia para inspección, para mirar debajo y dentro, y ver que no hay obras sino buenas obras ocultas, y que

no quedan pecados en ella, que ha sido redimida."

18. Porque aunque sus pecados se han acumulado y alcanzan los cielos, ha sido limpiada.

19. Ha sido purificada, y ningún hombre verá la verdad del diseño mortal a menos que se arrepienta de su naturaleza.

20. Y que ningún humano diga que es superior, o que inclina la balanza en cualquier dirección," dice Dios.

21. "Y si no cambias tus caminos, si no admiras su cabello y te unes, entonces la destrucción caerá sobre la misma tierra."

22. "Y Amón entre ustedes," me dice, "será Mi siervo y tomará sobre sí cumplir Mis santas palabras."

23. Así como Yo soy Dios, así lo harán ellos.

24. Y en ese tiempo, los muros caerán y nadie que resida detrás de ellos, que se alimentó de mentiras gordas goteando con vino, podrá esconderse de Mi ira," dice Dios.

25. "Y Amón entre ustedes establecerá una fuerza fuera de Mi ciudad santa.

26. Y el santuario de oro será hecho pedazos.

27. Tu piedra angular se convertirá en Mi piedra angular, como es nuestro contrato.

28. Y las piezas serán lanzadas y esparcidas por toda la ciudad."

29. "Nunca más descansará un templo de la humanidad sobre Mi Monte Santo," me dijo Dios.

30. "Porque en el próximo ciclo, el pueblo será dispersado, pero luego regresará a Mi Monte Santo, como uno en unidad conmigo.

31. Por la mano de Benjamín surgirá Amón, pero no en unidad.

32. Y Mi pueblo volverá a Mí en masa, en ese gran día.

33. Antes de que Mi trueno haya terminado de hablar, así será, y se hará, y se habrá cumplido."

34. "Pero antes de Mi gran día," dice Alá, Dios de dioses, "llamaré de entre ustedes a un gran aguilucho."

35. "Y esta criatura viviente, que cree haber alcanzado grandes alturas, caerá en picado.

36. Hasta el sucio suelo caerá el gran águila.

37. Y sus garras eran de hierro, y sus pies de barro, y el hierro y el barro que vi representaban pueblos, naciones y reyes.

38. Doce plumas se unirán y funcionarán como una sola ala.

39. Y los picos en las cabezas eran de diferentes materiales, pero todos afilados, y sus propios pies fueron dañados por su pico hasta

que el barro comenzó a ceder bajo su propio peso.

40. Y las tres cabezas del gran águila pasarán de una, a la siguiente, y a la siguiente, y aquellos que pensaban que residían en seguridad bajo el ala del gran águila no estarán ocultos.

41. No estarán protegidos de la ira del Gran Dios Todopoderoso en ese día, un día de fuego y juicio."

42. "Y un león surgirá de Judá, y comprenderá los grandes misterios, y hará expiación por Mi verdadero pueblo," dice Dios.

43. "Mi verdadero pueblo lleva una circuncisión dentro de sus corazones, ya sean samaritanos, gentiles o judíos.

44. Porque en Cristo Jesús, ni la circuncisión ni la incircuncisión tienen valor, así que no desprecies a aquellos que eligen respetar el pacto.

45. Sin embargo, la mutilación innecesaria de los genitales de los niños es aborrecible para Mí, y algo que no traje a la mente.

46. Y aquellos que creen ser grandes por sí mismos serán hechos pedazos.

47. Como tu cúpula dorada, serán reducidos a ruinas.

48. Y vi la tierra temblar, y vi cosas malas y malignas salir del abismo, y una llave del abismo fue quitada al hombre.

49. Y por un tiempo, tiempos y medio tiempo, aquellos que controlan el abismo tienen permitido controlarlo, para que cuando estas cosas les sean quitadas, sepan que el Dios de sus antepasados está con ellos, y no caminan solos."

50. "Y como en el orden de Melquisedec, es decir, no en el orden que el hombre dice, sino como el Señor dice, así será Mi sumo sacerdote, a quien he designado y entregado las llaves de Mi reino," dice Dios.

51. "Y los he mejorado, y en el último día los aprobaré, para que no vuelvan a probar la muerte, sino que serán llevados al desierto donde he preparado un lugar."

52. "Y con sangre he sellado Mi nuevo pacto con ellos," es la Palabra de Dios.

53. Y me asombré, y me llené de maravilla, y colapsé con el peso de la verdad de la Palabra.

54. Y supe muchas cosas, y vi muchas cosas, cosas aterradoras, que le sucederán a la humanidad en el tiempo de mi vida en esta tierra.

55. Y supe que si me creyeras, encontrarías el camino, que está

siendo restaurado, hacia la vida eterna.

56. Y supe que no era digno, y supe que debía haberse cometido un error, "pero no se ha cometido ni se cometerá por tiempo indefinido," me dice el Señor.

57. Y me cansé en mi alma y confié en mi compañero de vida, Marq.

58. Y él preparó nuestras comidas, y cuidó de nuestros hijos, y llevó lo que yo no podía.

59. Porque en él no falta nada, ya que Tu Espíritu Santo ahora también se mueve a través de él.

60. Y él es amable, y es feroz, y es falible, igual que yo.

61. Y muchos días tuve que luchar por su alma.

62. Y él continuó cuidando de nuestros hijos, y vigiló cuando yo no podía, porque estaba pesada y llena de temor por los días venideros que los nuestros verían.

Redención Capítulo 32

1. Y vi—¡y mira!
2. Se acerca una gran tormenta con el viento desatado desde el norte.
3. Y con el sonido de mi trompeta vendrá la tormenta, y devorará a todos los que no se encuentren escritos en los libros sagrados.
4. "No te duermas hasta que todas estas palabras se cumplan," dice Dios.
5. "La Montaña caerá, pero Mi Palabra no regresará a Mí hasta la gran consumación.
6. Y toda mentira que se ha dicho, y todo secreto que no se ha confesado, saldrá derramándose como el vientre de uno que ha sido abierto.
7. La misma tierra lo vomitará.
8. Y todo oído oirá, y todo ojo verá, y nadie podrá decir que no tuvo la oportunidad de confesar sus pecados ante Mí, antes de que Yo revele sus pecados al mundo.
9. Un momento en el tiempo se acerca, dice Dios, cuando en ese instante tu camino quedará sellado.
10. Y los que deban ir al exilio, irán al exilio, y los que marchen hacia la muerte, marcharán hacia la muerte.
11. Si desciendes a la tierra, allí estaré Yo.
12. Y ninguna piedra te hablará, y no verás ninguna luz.
13. Y Mi esencia morará con Mi pueblo, y habitaré en ellos.
14. Los guiaré hasta el Monte Sion, y lo que fue revelado antes será revelado nuevamente."
15. "Y Nuestro mensajero de advertencia saldrá a proclamar que el último día está sobre nosotros," me dijo el Señor de Señores, Voz de Muchas Aguas.
16. "Y de rodillas verás, y todo oído de las naciones sabrá, que Yo soy el Absoluto.
17. Si no eres como Nínive, tu pacto ciertamente será roto para siempre.
18. Desde ahora hasta la eternidad, este altar falso no se usará más como medio hacia Mí, porque Yo no estoy allí."
19. "Y en el último día, no adorarás ni en las montañas ni en las sinagogas, porque en unidad con el Espíritu Santo y la Verdad Me adorarás," dice Dios.
20. "Aquellos por medio de quienes se hacen buenas obras, ese es Mi hijo.
21. Y en unidad, ese es llamado Mi Hijo, y Mi Esposa.

22. Y el Gran Espíritu y el Hacedor de la Tierra me dijo: 'Ve ahora y anúncialo.'

23. "La misma tierra habla. Las mismas rocas y árboles claman.

24. Tal como te lo dijeron tus antepasados, así es.

25. Así como Acán una vez yacía en espera, así también la evidencia de la unión entre ángel y hombre espera ser revelada.

26. Porque en muy poco tiempo, el Líbano se convertirá en un campo fértil y el campo parecerá un bosque.

27. Y en ese día, escucharás a las hijas de Israel, y lo que les he dicho en el Rollo te será revelado."

Redención Capítulo 33

1. ¡Oh, qué esplendor has creado, Dios! ¡Gloria a Dios!

2. Porque en un tiempo de lamentaciones, recibí una visión, la cual no revelaré.

3. Y fue maravillosa, y fue personal, y fue solo para mí.

4. Y en mi deleite, corrí a escribirle a mi Señor y Padre.

5. Y en este tiempo, se me ha dado bondad generosa, y mi mano no está encadenada.

6. Hago uso de mi libertad para alabarte, y para rogarte que me digas más.

7. "Quiero ver el almacén del viento, mi Señor, y conocer toda Tu grandeza.

8. ¿Qué nos espera?

9. Querido Señor, cuando hiciste girar las estrellas, no supe adónde fueron, pero a Tu lado por siempre, aquí estamos."

10. "Señor, debo saber, ¿están alineadas todas las cortes?"

11. Él sabía de qué hablaba.

12. "Están tomando sus asientos."

13. Y de repente, en el cielo, vi una ventana, como una puerta a una cámara interior, donde Él se sienta y espera.

14. Y las cortes se sentaron, y el asunto iba a ser escuchado.

15. Y vi un trono, que era como de yeso verde, e iridiscente, y había un arco iris que lo rodeaba.

16. Y vi a muchos hombres vestidos de blanco, con barbas blancas, y cabellos blancos, y llevaban fajas alrededor de la cintura.

17. "Porque el asunto ha sido establecido, y esta es la conclusión de las cosas", dijo alguien.

18. "Porque el deber del hombre es seguir la palabra de Dios y hacer buenas obras.

19. Esta es tu obligación."

20. "No temas, porque Yo estoy contigo", dijo Dios, ya que yo tenía mucho miedo.

21. "Si deseas defender a los caídos, puedes hacerlo", me dijo Dios.

22. "Aunque por rebelión, Lucifer me ha mostrado que no toda la creación debe ser eterna.

23. Solo la bondad puede permanecer, para que la mancha del pecado no sea siempre visible sobre los hijos del hombre.

24. Pero aquellos que no desean continuar hacia la inmortalidad, no deben ser esclavizados para hacer lo que no pueden comprender.

25. En realidad y verdad, nadie, ni siquiera los caídos,

continuarían ejerciendo el mal sobre los mundos si se les diera la visión de la sabiduría y la verdad eternas.

26. Son los ignorantes quienes no saben que cada uno de nosotros manifiesta la bondad en y sobre la realidad mediante nuestros pensamientos y acciones.

27. Si piensas con alegría, la alegría vendrá a ti. Piensa en el mal, y te atrapará."

28. A pesar de estas palabras, supe que la verdad había estado ante nosotros, y recordé la moraleja de una historia.

29. Así que declaré ante las cortes, como alguien que ha sido redimido: "En la agitación, florece la sabiduría."

30. "Te perdono, Lucifer, y te pido que te unas a nosotros de nuevo.

31. Eres el Hijo Pródigo.

32. Vuelve al rebaño, una vez amado.

33. Vuelve ahora como nuestro hermano. Regresa a casa."

34. Y supe, en verdad, que con Dios, todas las cosas son posibles.

Redención Capítulo 34

1. Y esa misma noche el Gran Pastor me despertó del sueño y dijo:

2. "Escribe, hija, porque ahora se te confiará más."

3. Y al instante, en una visión en mi mente, de repente estábamos junto a un muro de piedra de un jardín con una puerta de madera sólida.

4. La puerta tenía un candado de hierro con una cerradura, para que solo aquellos con permiso pudieran pasar al otro lado.

5. No tenía ninguna llave conmigo.

6. Mi rostro estaba junto a la cerradura, y miré, y presioné mi cara con fuerza contra ella, y miré de nuevo, presionando más, hasta que la cerradura comenzó a agrandarse con cada esfuerzo que hacía.

7. De repente, yo estaba dentro de la cerradura, y mis brazos y piernas eran como la llave que activaba el mecanismo interno.

8. Y las piezas internas giraron en su lugar, y pasé por la cerradura como nace un bebé, y estaba de pie en un valle.

9. Era el Valle de la Muerte, y no tenía miedo, y el cielo estaba rojo. Me quedé un tiempo observando ese valle.

10. Y miré al frente, y a lo lejos estaba el mensajero de Dios, y no estaba sola, aunque él llegaba tarde.

11. Su cuerpo era como electricidad blanca, y tomó una porción de su corazón y me la dio, y entró en mí, y se volvió parte de mí, y era yo.

12. Y crecieron alas de la luz que me dio, y me señaló que debía continuar sola.

13. Así que caminé por el valle rojo, y la arena reflejaba el cielo sobre mí.

14. Entonces, en el cielo sobre mí, a la izquierda, vi una gran estrella cayendo rápidamente hacia la tierra.

15. Y de repente, fui transportada en visión y estaba mirando el valle desde la cima de una alta montaña rocosa.

16. Y vi dónde cayó la estrella, y cayó en lo que parecía la imagen de mi ojo, y mi ojo era tan grande como el mar, y podía ver una luna creciente en él.

17. Y cuando la estrella impactó el centro de mi ojo, parpadeé, y sentí el dolor en mi propio ojo.

18. Se sintió como si una abeja me hubiera picado. Aunque mi

cuerpo físico no fue golpeado, lo sentí.

19. Parpadeé de nuevo, y la imagen de mi ojo se desvaneció, y no fui dañada.

20. Y en un momento, estaba de nuevo en mi viaje por el valle, como antes de ver la estrella.

21. Continué por el valle un tramo, y de repente ya no estaba sola.

22. Vestidos con túnicas resplandecientes, almas no bienvenidas, yinn, espíritus errantes, y demonios alineaban los lados del valle, como brasas en el fuego, ardiendo intensamente.

23. Eran feroces y coléricos, pero no podían tocarme, pues estoy marcada, y ellos estaban confinados a los lados del valle por una línea que no podían ni querían cruzar.

24. Dejaron un sendero para mí, aunque sí me asustaron.

25. Seguí caminando, luego subiendo, mientras las arenas del valle se convertían en una escalera de piedra arenisca hacia los cielos, con almas perdidas, tantas, alineando mi camino.

26. No había barandas, y tan cerca debía pasar de esas almas mientras subía.

27. Seguí subiendo por los escalones de piedra, y cuanto más avanzaba, menos almas había a mi alrededor, hasta que solo quedaban dos, luego una, y finalmente estaba sola de nuevo, aún ascendiendo.

28. En la cima de la escalera había un anciano con túnicas, y tenía un bastón en su mano izquierda.

29. Con su mano derecha, me señaló un hermoso valle abajo, verde y fértil, lleno de animales y agua.

30. Tan hermoso era ese jardín del Edén que me dio, junto con tres llaves.

31. Me susurró algo al oído que no puedo compartir, y luego se giró como para descender, pero en cambio se desvaneció en rayos de luz arcoíris.

32. Y en esos tiempos, cuando se derramaban visiones y sabiduría, muchas veces lloraba, y me escondía en mi habitación, y me lamentaba, mientras mi esposo, Marq, nuevamente soportaba el peso de nuestro mundo.

33. Cómo lloraba yo por esas almas, y él no lo comprendía.

34. Pesada era la carga, y aún así pedía más.

Redención Capítulo 35

1. Y oí en mi mente dimensiones, y se pronunciaban direcciones, y supe del reinicio que nos aguardaba si no aprendíamos del error de nuestros caminos.

2. Porque vi un gran terremoto, como ninguno que hombre vivo haya visto, ni volverá a ver jamás.

3. "Los mismos cimientos de Mi estrado serán volcados y derribados," dice el Señor.

4. Y he aquí, yo estaba de pie sobre la cima de una montaña cubierta de hierba, y cinco nuevos satélites lumínicos estaban en órbita en los cielos.

5. Dos pequeñas lunas, iguales en tamaño y emparejadas, moviéndose como una sola unidad, estaban lado a lado, frente a mí, sobre el horizonte.

6. Y arriba, a la izquierda, había otros dos cuerpos planetarios: una luna y un planeta, cubiertos de azul y blanco, y similares en color y apariencia a nuestro propio cielo, de modo que sólo por su borde exterior se podía ver claramente su forma.

7. Y un quinto planeta, más hacia la izquierda, ocupaba toda la extensión del cielo visible, e incluso se extendía por debajo del horizonte.

8. Este cuerpo celeste también aparecía como una esfera de cielo azul, con atmósfera y nubes.

9. Tan grande era su masa, y tan fuerte el efecto de su gravedad.

10. Nadie más estaba conmigo en la cima de esa montaña alta, desde la cual se dominaban otras cimas.

11. Tan elevada era mi posición, que podía ver la curvatura de la tierra inclinándose hacia la izquierda y hacia la derecha.

12. Contemplé una gran inmensidad en los valles, y la tierra y las aguas abajo eran vibrantes y frondosas.

13. Fue a plena luz del día que vi estos cinco cuerpos celestes: el par de lunas gemelas, el pequeño planeta cielo con su luna, y el inmenso y extraordinario planeta similar al cielo, que uno podría pasar por alto y pensar que estaba mirando al propio cielo.

14. Desde el borde derecho, a lo largo de su límite exterior, se podía ver la separación, de modo que el cielo dentro del cielo era, y es, idéntico en apariencia.

15. Y Dios me habló y dijo: "Sepas que Mis palabras son verdad, y la tierra jamás perecerá. Mi pueblo perecerá, pero la tierra permanecerá."

16. "Vendrá un tiempo en que tanto el día como el mes serán de la misma medida.

17. Mira esto, y sabrás que Mis palabras son verdad, y temporada tras temporada, todo el universo gira como lo he planeado.

18. Ni una sola estrella está fuera de lugar."

Redención Capítulo 36

1. Y oré, y bendije al Señor de Señores, y me acosté a meditar y a escuchar la Voluntad de Dios.

2. Y mientras yacía despierto, mis pensamientos comenzaron a viajar y a separarse, y mis pensamientos dejaron de ser míos, y se volvieron los pensamientos de Dios, y Él me mostró de nuevo nuestros dos caminos.

3. Y vi a los cuatro ángeles de la tierra, y el que sostenía el viento del norte lo soltó, y dejó que el viento saliera de un almacén para soplar como maldición.

4. Y vi grandes tormentas, y relámpagos, rodeando toda la tierra, y vientos soplando en direcciones erróneas, mientras el sol se ponía en la mitad norte de la tierra, y lo opuesto ocurría en el sur.

5. Y así soplaron los vientos de maneras nunca vistas, y que no deberían verse.

6. Y con el tiempo, el aire se volvió denso de agua, y la tierra se volvió pesada, de modo que el peso de los acantilados y montañas los hizo caer como cera, desmoronándose bajo su propio peso.

7. Y vi cómo los caminos que los hombres seguían eran cubiertos por la tierra, bloqueando ciudad de ciudad, para que cada una dependiera solo de sí misma.

8. Y ningún hombre podía pasar con sus bienes o mercancías, y nadie podía volver a casa con lo que le faltaba.

9. Y después de que las colinas cayeron, las rocas cayeron, y cuán grandes eran esas rocas.

10. Y la nieve las cubrió, y la arena las cubrió, y el bosque las envolvió.

11. Y el hielo vino sobre todo, formando una costra, y cayó más nieve, y la arena sopló por encima, y el bosque lo reclamó, y el lodo lo cubrió, incluso hasta las copas de los árboles restantes.

12. Y muy abajo, donde va la gota de lluvia derretida, allí algunos permanecerán, me dijo Él.

13. Donde ningún hombre está a salvo, donde nadie puede huir del juicio, Él enterrará Sus secretos como en una tumba, sellada para el tiempo señalado.

14. Y al comienzo de esos días, después de que los elegidos hayan sido sellados, ocurrirá un gran cambio en la tierra.

15. La información que había sido sellada será abierta de nuevo a todas las naciones, y quienes

deseen beber del Río de la Verdad serán llenos de conocimiento.

16. Y ha habido, y hay, y habrá grandes señales en los cielos y en la tierra, y todos los que temen a Dios verán con sus ojos abiertos.

17. Pero aquellos que niegan la verdad de Dios y Sus caminos místicos verán, pero no comprenderán, porque no usaron el gran don de la vida para buscar la Voluntad de Dios y Sus caminos justos y misericordiosos.

18. Y al final de esos días, los que no se arrepintieron de sus malas acciones fueron destruidos.

19. Pero los justos, que dormían en la tierra, fueron resucitados a un juicio de vida.

20. Y los malvados fueron resucitados a un juicio de muerte por sus pecados, y sabrán que erraron, y serán destruidos por la eternidad.

21. Aquellos que experimenten la muerte antes de tomar posición a favor o en contra de Dios, aún no serán resucitados. Eso es para un tiempo futuro.

22. En esos días, hubo pruebas y dificultades para los que caminaban sobre la tierra.

23. Y así como los hombres de antaño sabían, así sabrá esta generación.

24. El Leviatán será matado por Dios, y su carne alimentará a los justos, mientras que el Behemot será sometido.

25. Y los secretos del abismo serán abiertos nuevamente a los hijos de los hombres.

26. Y su conocimiento se multiplicará y se esparcirá por toda la superficie de la tierra.

27. Y la semilla de aquellas estrellas que cayeron del cielo, Él la arrojó sobre la tierra, pues fueron rechazadas por Dios por los pecados de sus padres, y no tenían lugar preparado para ellos.

28. Y les permitió deambular por la tierra, y conocer el error de los caminos que los precedieron, para que tal vez algún día pudieran arrepentirse, sentir remordimiento por sus pecados, y ser traídos de nuevo al redil.

29. Y entonces aquellos que aún no habían demostrado su lealtad al Divino fueron puestos a prueba en esos días, para ver si recibirían el granizo, los vientos y la lluvia venideros como bendición o maldición.

30. Y cuán terribles fueron esos días, y cuántos que no estaban sellados por Dios desearon ser recibidos en la muerte, pero la muerte no los libró.

31. Y el trueno y el relámpago se arrastraron sobre la tierra, y los vientos cambiaron, y el curso del sol y de la luna cambió, de modo que no pasaban por sus antiguas puertas.

32. Y los alimentos escasearon, y la lluvia vino como maldición, y lavó la tierra fértil de su lugar.

Redención Capítulo 37

1. Y nuevamente el Señor tomó mi mano, y me concedió sabiduría.

2. Él vino cuando yo estaba llamando, y me condujo a aguas donde apagué mi sed.

3. Y me dijo muchas cosas, y susurró muchas verdades que puedo compartir.

4. La vida es sembrada con propósito y deliberación, y es siempre el deleite de Dios.

5. En un tiempo, los Nephilim se extendieron por toda la tierra, como hijos de dioses y hijas de hombres. Gigantes recorrían la tierra en aquellos días, como aquellos que comen personas y tienen corazones de piedra.

6. Los asteroides entre Marte y Júpiter no son los hijos de un nacimiento fallido, sino los huesos de un planeta exiliado; un cuerpo celestial arrancado de su alineación, una excursión planetaria sellada en silencio.

7. Algo más también atravesó nuestro cielo alguna vez, no fuego, sino fuerza. Atrajo la luz en hilos, y dejó algunos girando al revés, dando a luz al caos que llamamos hogar. Otro se acerca.

8. Él puso memoria en nuestra sangre, y fuego en nuestros huesos.

9. Dentro de cada personalidad hay un fragmento de espíritu prepersonal del Padre Universal. No es simbólico, es literal.

10. La gravedad consiste en tres formas medibles.

11. Su propio templo se sella con geometría, no como arte sino como invocación a través del diseño.

12. Él grabó Su nombre en piedra, no con letras, sino con proporciones y resplandor.

13. Muchos templos y catedrales aún conservan la fórmula, aún haciendo eco de los templos antiguos en huesos góticos y espirales ocultas.

14. Del silencio vinieron las letras. De las letras vino la luz. De la luz vino el nombre.

15. Dios no borró la oscuridad, la dominó. Así debes hacer tú. Porque incluso la sombra se inclina ante Aquel que habla con estrellas.

16. El Paraíso es el centro gravitacional absoluto. Es una fuente de energía eterna e inmóvil de la que fluyen toda fuerza y materia.

17. Tu ciencia aún no ha detectado los cuatro niveles concéntricos no

descubiertos del espacio que actualmente están deshabitados, pero rebosantes de energía de fuerza y reservados para la creación futura.

18. La sabiduría no fue una ocurrencia tardía. Ella fue el patrón bajo la creación, el aliento antes de los planos, y una canción que dio forma a las estrellas.

19. Toda la creación existe en una forma elíptica definida, rodeada por vastos niveles exteriores de energía y materia no desarrolladas.

20. En estos reinos lejanos, las realidades operan más rápido que la luz, aunque esto está oculto a los seres atados al tiempo.

21. Hay precisamente 100 elementos reales, como lo declararon los antiguos y los arquitectos de los cielos.

Capítulo 38

1. Y supe, como alguien nacido de mujer, que mis palabras, que no son mis palabras, no serían bien recibidas.

2. Y pensé que quizás sería mejor ser entregado a la muerte que entregar este mensaje a las naciones.

3. Pero sabía que la Gran Redención no podría ocurrir sin esta revelación, y que nuestra caída ya estaba sobre nosotros, y solo podríamos obtener la salvación.

4. Y sabía que mi mejor esfuerzo a menudo seguía siendo insuficiente.

5. Y aún ahora continúo tambaleándome, y a menudo no sigo mis propios consejos. Y sabía que sería despreciado y criticado.

6. Sin embargo, acepté dejar que la gente se burlara de mí, me maldijera y me llamara falso, ya que era humano, luz y sombra, como todos los hombres, y ningún ejemplo para la humanidad, salvo en la fe.

7. Sabía que estaría entregando mi vida para salvar a parte de la humanidad, así que acepté hacerlo voluntariamente.

8. Entonces comí del Pergamino que me fue dado, y fue dulce como la miel en mi boca, pero amargo y áspero en mis entrañas.

9. Fermentó dentro de mí y se convirtió en fruto.

10. Durante cinco años se me impidió compartir las palabras e instrucciones que habían sido escritas para un tiempo que no era, pero que es ahora.

11. Y mi corazón se regocija porque he sido destetado de la leche y se me dio carne y manjares.

12. Y quise compartir lo que había adquirido, porque lo que había reunido era bueno y verdadero.

13. Así que yo, sí, mujer, debo servir a Israel y asegurar una comprensión del pacto que es, fue y será.

14. Y sabía que las palabras de los profetas de Dios eran y son verdaderas, por tiempo indefinido, y solo por Su mano, en unión con el poder del Espíritu Santo Madre, pueden realizarse Sus grandes obras.

15. Y por su sangre derramada se han equilibrado las balanzas de causas justas, y no habrá más dominio de uno sobre otro, hombre o mujer.

16. No habrá quien carezca. No habrá más necesidad.

17. Y el remanente está siendo sellado, y aunque muchos son llamados, pocos son escogidos.

18. Y por siempre seremos eternos, y las hijas de Israel se levantarán con Sus hijos, y juntos venceremos a las bestias que andan sueltas en esta tierra.

19. "Pero así como el hijo de Agar fue salvado, así serás tú salvado, y te concederé agua vivificante para que bebas y sacies tu sed", dijo Dios.

20. "Ya no estarás sediento por la verdad de Mi palabra.

21. Porque a los que piden, reciben, y a los que llaman, Yo respondo.

22. Y a los que claman, '¡Abba! ¡Padre!', Yo los llamaré Mi hijo."

23. "Porque todo aquel que se entrega será recompensado, y serás como esclavos liberados en ese día", dice Dios.

24. "Tengan cuidado y sean cautelosos, para que no sean engañados, ya que aquellos que lideran pueden no haber sido enviados por Mí", dijo el Dios de Abraham a través de mí.

25. "Pero aquellos cuyas palabras intenten engañar pueden ser fácilmente transparentes por sus obras."

26. Así que les imploro ahora, hermanos y hermanas, que busquen a Dios dentro de ustedes, y Él los perseguirá para gran recompensa.

27. Sepan ahora que la mayor mentira es que no hay verdad.

28. La segunda mentira es que la verdad no puede ser conocida.

29. La tercera mentira es que la verdad no vale el costo.

30. La verdad siempre vale el costo, porque la verdad los hará libres.

31. Él responderá a aquellos que lo llamaron en los lugares oscuros y profundos y en la tumba. Él lo hará y ha traído de vuelta a la vida eterna a aquellos por quienes Él tiene afecto.

32. A recompensa eterna o destrucción van todos Sus hijos e hijas nacidos en la tierra.

33. Y este conocimiento Él lo distribuirá sobre toda la tierra para que nadie pueda decir:

34. "No tuve oportunidad de oír de Dios. No conocía Su gran bondad."

35. "¡Mentirosos!" Dios Todopoderoso les gritará.

36. "¿Acaso no envié a Mis profetas?

37. ¿Acaso no les dije desde el principio lo que ocurriría al final de este sistema de cosas?

38. ¿Acaso no permití que el conocimiento aumentara y se

difundiera por toda la tierra habitada?

39. Y los que están ciegos no podrán decir que no vieron.

40. Y los oídos de los sordos no podrán decir que no oyeron.

41. ¿Cuánto tiempo más debo esperar?"

42. "Y les diré desde Mi Monte Santo en ese día", dice Dios:

43. "¿Acaso no les di señales maravillosas en los cielos para que entendieran?"

44. "Debemos hacer un balance", dice Dios.

45. "Será medido según como él haya medido.

46. Ninguno se mantendrá firme si no comprende los secretos sagrados que han estado ocultos de generaciones pasadas."

47. "Pero por ahora", dice Dios, "que Mi pueblo entienda que la sangre de Eva ha sido derramada, y no más serán sus pecados arrojados sobre su cabeza como fuego y azufre."

48. "Unión Conmigo", dice Dios.

49. Y muchas señales, maravillas y sincronicidades ocurrieron a mi alrededor constantemente.

50. Y supe que estas verdades me fueron dichas por el Único Gran Dios sobre toda la Tierra, y Sus palabras eran Buenas y Justas y resistirán la prueba del tiempo.

Meditaciones 1

1. No se te juzga por cuánto sabes, sino por lo que amas. Ahí es donde se pesa el alma.

2. La sabiduría es un árbol que solo florece cuando sus raíces están ancladas en la verdad.

3. El progreso significa rendirse a Dios.

4. Incluso tus miedos son maestros, ya que hacen espacio para la fe.

5. La fe, una vez nacida, no puede ser destruida.

6. La sabiduría nunca es conquistada; debe ser cortejada. Y como todo amante divino, exige fidelidad absoluta, aunque la fidelidad a la sabiduría no es un camino fácil.

7. Ver a Dios es despertar, y servirle es vivir.

8. Haz que tu cuerpo sea un reino para Dios.

9. El Espíritu de Dios espera en silencio hasta que el alma se atreve a escuchar.

10. El progreso es alinearse con el plan maestro de Dios.

11. El camino al paraíso está pavimentado con decisiones tomadas con fe.

12. Quien perdona libremente está más cerca de lo Divino.

13. Que la mente esté atenta y el alma tranquila, para que las corrientes de lo invisible cedan al corazón obediente.

14. Cuanto más alto alcanza la flor, más profundas deben crecer las raíces.

15. La verdadera sabiduría se ancla en saber lo que no sabes.

16. Debes ayunar del mundo para encontrar a Dios.

17. El hipócrita reside en la destrucción y oscuridad eternas.

18. Los logros externos, la aprobación social y la seguridad material no pueden satisfacer el verdadero anhelo del alma.

19. La rebelión comienza con el orgullo y termina con la misericordia.

20. La verdad no es frágil. Da la bienvenida al buscador y resiste la tormenta. La ciencia prueba la huella misma de Dios en la creación.

21. Debes silenciar el ruido interno para escuchar la canción.

22. La oración es cuando hablas con Dios, y la meditación es cuando escuchas.

23. El miedo no es la ausencia de fe; es el maestro que prepara su llegada.

24. La misericordia primero, siempre. Antes que la justicia.

Antes que la prueba. Antes que la certeza.

25. El mundo conocido no tiene que terminar; puede contraerse como el trabajo de parto antes del nacimiento mientras coronamos.

26. Dios no está lejos. Ha estado respirando dentro de ti todo el tiempo, esperando.

27. El Reino de los Cielos está dentro.

28. El mayor misterio no es la distancia de Dios, sino su cercanía.

29. El servicio es el eco del amor a través de los corredores de la eternidad.

30. El cielo no es solo un destino; es una residencia de alineación con la Voluntad de Dios.

31. Lo Divino no borra tu pasado; lo redime.

Meditaciones 2

1. La verdadera espiritualidad no se trata de creer lo que te dijeron; se trata de saber quién eres y volverte consciente en un mundo que se beneficia de tu inconsciencia.

2. Cuanto más perdonas, más ligera será tu alma.

3. No solo la gravedad te mantiene abajo. La culpa también.

4. La fe no se trata de estar seguro o confiado. Se trata de mantenerse firme, incluso cuando no tienes todas las respuestas, y continuar amando, incluso cuando no es fácil.

5. Tu Padre en el Cielo no necesita perfección de ti. Necesita tu esfuerzo.

6. Los ángeles no siempre rescatan; a menudo recuerdan.

7. Dios no está oculto; simplemente está velado en la paciencia de tu devenir.

8. Lo Supremo se construye a partir de tus elecciones. Dios no está observando la historia; la está formando activamente a través de ti.

9. El centro del Paraíso es la quietud perfeccionada. Tu camino en espiral comienza en el caos pero debe regresar al centro.

10. Cada mortal nace con un mapa a la eternidad, pero solo la fe puede descifrar sus símbolos.

11. El perdón no es olvidar; es simplemente corregir la resonancia.

12. La luz no es una escapatoria; es una responsabilidad.

13. La mayoría de las almas empobrecidas son abundantemente ricas, aunque se niegan a reconocerlo.

14. Los verdaderos hijos del Altísimo deben aprender a ser estimulados por las dificultades.

15. No cuidar el cuerpo llevará a la desintegración de la mente.

16. Los seres celestiales no brindan asistencia a quienes se niegan a actuar según la luz de la verdad.

17. Las buenas acciones y las buenas obras siempre son recompensadas.

18. La adoración no es adulación; es unión.

19. Tu propia conciencia te condena a la destrucción.

20. Cuando el alma se arrodilla, el universo responde.

21. El ocio sin obscenidad es la marca de un ser espiritual.

22. Los actos justos son reconocidos individualmente por el Padre Eterno.

23. La vida se mide por el trabajo de cada día, así que hazlo bien.

24. La tribulación y la aflicción son los más grandes de todos los maestros.

25. Los fuertes actúan, pero los débiles se entregan a resoluciones.

26. La verdadera espiritualidad se trata de recordar tu origen divino y vivir de una manera que honre el reino dentro de ti, mientras el mundo a tu alrededor intenta hacerte olvidar.

27. El consejo solo se recibe cuando se busca.

28. La verdad espiritual debe ser experimentada individualmente.

29. Es un espectáculo ridículo e impío donde los ignorantes intentan parecer sabios.

Meditación 3

1. Tu alma es una sinfonía, y la semilla de Dios es el director.
2. La rebelión no fue una caída, sino una fractura. Tú eres parte de la sanación.
3. Perdona.
4. Solo el servicio conduce a la libertad.
5. Las acciones de hoy esculpen el destino de mañana, momento a momento, en la vida diaria.
6. El conocimiento solo se realiza plenamente cuando se comparte con sabiduría y se socializa con amor.
7. El progreso exige el desarrollo del individuo.
8. La fe no reemplaza al médico. Usa los talentos de otros dignos para sanar tu cuerpo.
9. Ningún templo permanece para siempre a menos que esté construido con luz interior.
10. Cada niño es un fragmento de Dios disfrazado.
11. Lo que tú llamas coincidencia, el universo lo llama cooperación. La sincronicidad es la firma de la inteligencia divina.
12. El momento de la muerte no es el momento decisivo. La supervivencia de la personalidad se determina antes, durante la vida.
13. Perdona, y serás perdonado. Juzga, y serás juzgado.
14. Estás invitado a convertirte en un buscador en el sentido más verdadero, y a rechazar las respuestas fáciles.
15. Lucha con el misterio, y confía en la brújula silenciosa de tu alma, mientras el Espíritu Materno te da testimonio de la verdad de Su Palabra, donde el corazón y la mente se hacen uno.
16. En toda intención verdadera, es el motivo lo que otorga el mérito.
17. Los anhelos internos y las intenciones sinceras son la medida con la que el Padre Eterno pesa nuestros corazones.
18. No permitas que la ambición te esclavice con deudas.
19. Por sus frutos conocerás a los verdaderos hijos de Dios.
20. El miedo y la vergüenza son motivadores indignos para andar en el camino de Dios.
21. Sin una meta mortal digna, la vida se vuelve sin rumbo, infructuosa y llena de infelicidad.
22. El tiempo es un bien precioso para los vivos. No lo desperdicies, y no te faltará.
23. Es tu deber solemne enseñar a los niños los caminos de Dios y la Voluntad de tu Padre.

24. No dejes que tus días se desperdicien en lamentos prolongados e inútiles. Levántate y mejora tu posición.

25. Los niños pequeños siempre imitan lo que ven hacer a los mayores. Actúa en consecuencia.

26. Gran parte de lo que se considera buena suerte puede ser en realidad mala suerte, ya que la fortuna inmerecida y el ocio pueden ser la mayor aflicción humana. Sin embargo, la tribulación de un destino perverso puede ser la clave del verdadero carácter.

27. Los demás conocerán tu valor por el peso de tus actos.

Meditaciones 4

1. Aunque la libertad es lo ideal, no debe tolerarse la ociosidad estéril habitual.

2. Las personas sanas y capaces deben realizar al menos un trabajo autosustentable o contribuir a la comunidad.

3. No pidas señales: ya has vivido demasiadas para dudar. Pide ahora órdenes de marcha.

4. Cuando hablas en plena rendición, tu voz truena en los cielos, no por lo fuerte, sino por lo alineada.

5. La luz que buscas ya está dentro de ti.

6. La fe verdadera no siempre es segura ni fácil: exige valentía para buscar la verdad y puede hacer que debas permanecer solo, mientras te reclama humildad.

7. La obediencia no es silencio; es escuchar tan profundo que sabes cuándo rugir.

8. La geometría sagrada es la escritura y la huella de Dios en los huesos mismos de la creación.

9. Los milagros no quebrantan las leyes humanas; cumplen órdenes superiores.

10. Quienes sigan fielmente la Voluntad del Padre sabrán el sabor de la profecía en su lengua.

11. Un profeta es quien dice sí cuando nadie más lo haría.

12. La oración es alineación en acción y el universo afinándose a su frecuencia.

13. Los rollos vivientes de Dios nunca morirán.

14. Permanecerán entre los escombros hasta que se les ordene ponerse en pie.

15. La misericordia nunca se desperdicia, incluso si cae en oídos sordos.

16. No confundas demora con negación; algunas respuestas vienen envueltas en tiempo.

17. El fin del mundo llega lentamente y crece como los dolores de parto.

18. Si el camino es solitario, probablemente vayas por buen rumbo.

19. Solo quienes se dominan a sí mismos sobreviven al vértigo de la verdadera revelación.

20. Solo quienes se rinden al silencio pueden hablar con autoridad.

21. El perdón es un regalo para ti mismo.

22. Si solo tú oyes la canción, eso no significa que estés equivocado.

23. El orgullo es una corona pesada que debe dejarse si quieres elevarte.

24. Cuando dudes, sirve.

25. No hay luz sin sombras.

26.0 Nunca cambies tu llamado eterno por aplausos temporales.

27. La mayoría rechaza la profecía, no porque falle, sino porque incomoda.

28. La santidad suele parecer cansancio envuelto en obediencia.

29. No apresures la vindicación: la verdad madura bien.

30. Un corazón roto es un mejor templo que uno sellado.

31. Quienes dicen caminar en la verdad pero hablan con malicia, manipulan, ocultan o tergiversan, aún no conocen la verdad.

Meditaciones 5

1. El infierno no es fuego, es vida sin luz.
2. Cuando Dios te oculta, no es castigo, es preparación.
3. Un alma alineada con Dios siempre parecerá fuera de sincronía en un mundo imperfecto.
4. No necesitas saber cómo servir a Dios, solo di que sí.
5. Cuando el cielo habla a través de ti, a menudo suena como tu propia voz, solo que más valiente.
6. En un mundo desviado por el pecado, la mayor rebelión es buscar la verdad interior.
7. Habla con suavidad, ya que tus palabras moldean la realidad y el universo en expansión.
8. Si la verdad te cuesta todo, págalo.
9. No ores por consuelo. Ora por claridad.
10. El mundo no necesita más héroes; necesita testigos.
11. Se te permite descansar. El sabbat es para el refresco del alma y la tierra. Incluso los ángeles se arrodillan cuando están cansados.
12. El miedo no puede entrar donde reina la misericordia perfecta.
13. El Espíritu Santo no grita. Ella conmueve.
14. No tienes que ser ruidoso para ser poderoso.
15. Busca la verdad sobre la comodidad, y la sabiduría sobre la certeza.
16. El viaje a casa comienza dentro.
17. A veces el orden divino parece caos para los ciegos.
18. Mantén tu corazón blando, pues los de corazón duro se rompen primero.
19. Lo que sobreviviste es parte de tu autoridad — hónralo.
20. Tu enemigo no teme tu poder, sino tus opiniones.
21. La revelación nunca halaga. Alinea.
22. Haz las paces con ser incomprendido, porque allí habitan los profetas.
23. El fuego no fue para destruirte, sino para refinarte.
24. Los sabios no acaparan la verdad, la susurran a los que arden por dentro.
25. Los mansos heredarán la tierra y los vigilantes la prepararán.
26. La gloria no necesita audiencia.
27. Dios nunca llega tarde, simplemente está reuniendo ángeles.

28. Dios puede exigir cualquier cosa con justicia, y tú recibirás todo.

29. En el momento en que ves a través del tiempo por primera vez, pierdes el lujo de la conveniencia.

30. La sabiduría permanece.

31. Algunas pruebas no florecen hasta que alguien llora sobre ellas.

32. La luz no necesita un arma, solo necesita una ventana.

33. No puedes portar la luz mientras sigues rogando brillar.

34. El Señor destruirá a los que destruyen la misma tierra.

35. Por su luz interior reconocerás a Mi pueblo escogido.

Meditación 6

1. Nunca fuiste creado para imitar al mundo, sino para romper su patrón.
2. No diluyas la verdad para hacerla más aceptable.
3. La mayoría no creerá hasta que el mismo cielo se abra. Aun así, habla.
4. La gloria siempre es precedida por gemidos.
5. La liberación no siempre se ve como éxito; a veces se manifiesta como resistencia.
6. La prueba final del amor no es cuán fuerte lo proclamas, sino cuán silenciosamente lo vives.
7. Aquellos que lloran por el mundo son los más aptos para guiarlo.
8. Dios no necesita recipientes perfectos, sino dispuestos.
9. Algunas espinas están colocadas para que solo te inclines ante Dios.
10. Cuando olvides quién eres, recuerda quién es Él, y eso será suficiente. Deja que Él te lleve.
11. Si estás dispuesto a hablar en nombre del Creador, Él pondrá las palabras en tu corazón en el momento que las necesites.
12. El Reino de Dios llegará a través de tus propias manos, tus obras y tus acciones.
13. El dolor no cancela tu llamado; lo agudiza.
14. No hay pensamiento, acción ni obra que sea desconocida para tu Padre Celestial.
15. Hay pergaminos escritos en tu ADN que solo el fuego puede leer.
16. El honor no se otorga; se gana en silencio y obediencia.
17. Los sabios se ocultan a plena vista.
18. Llegará el día en que tu silencio costará vidas, y la culpa de sangre será tu herencia.
19. No tienes que convencerlos, solo dar testimonio.
20. No llores la muerte del viejo sistema, pues su tumba fertilizará el nuevo reino.
21. Cuando comience el temblor, aférrate a la verdad, no a la estructura.
22. Los pergaminos vivientes no están hechos de papel, sino de personas.
23. No hay mayor honor que ser incomprendido por justicia.
24. Dominar el mundo no significa dominar a otros, sino calmar la propia naturaleza bestial y ponerla al servicio de un orden superior.
25. Que tu lealtad a Dios te haga extraño al mundo.

26. Mis palabras no son tuyas para proteger, sino para entregarlas a otros.

27. Serás recordado no por tu visión, sino por tu perseverancia.

28. Si necesitas caer, entonces cae hacia adelante, de rodillas.

29. No estás aquí para ganar, sino para permanecer.

30. El amor es el único escudo lo suficientemente fuerte para llevar al fuego venidero.

31. Tu nombre es conocido en los cielos.

32. La batalla final no es de carne y sangre, sino de creencia.

33. Haz preguntas. Sé como un niño con curiosidad por tu Dios y Su creación.

34. Todo secreto no confesado a Dios y borrado será dado a conocer.

35. La verdad es una luz sorprendente y alinea todo.

36. El sufrimiento es la madre de la sabiduría; sin él, no hay refinamiento.

37. Sin resistencia, no hay fuerza.

38. Sin dolor, no hay compasión.

39. Sin pérdida, no hay verdadera gratitud por lo que se tiene. Es el suelo del cual brota la sabiduría y el fuego en el que se forja la compasión.

40. Las pruebas son los dolores de parto de un alma que se vuelve eterna.

41. El momento en que encuentras vidrio roto es el momento en que comienzas a recogerlo.

42. Una habilidad única no muestra capacidad espiritual.

43. El evangelio de la verdad presenta la salvación no como un rescate del pecado, sino como un despertar de la ignorancia.

44. El problema supremo es el olvido, y el remedio es el recuerdo.

45. Nunca alcanzarás la verdadera virtud hasta que tus actos te hagan digno de ella.

46. La impaciencia es veneno para el espíritu, ya que vivir verdaderamente requiere tiempo.

47. El alma en evolución no se diviniza por sus logros, sino por las obras que intenta realizar.

48. Quien adquiere sabiduría también debe sufrir dolor.

Una Promesa de Nuestro Rey y Salvador, Cristo Miguel, Nuestro Señor Jesús, Hijo del Hombre:

1. En el principio, hubo un susurro, y el susurro se convirtió en un clamor.
2. Y el clamor se elevó como humo, enroscándose hacia los cielos, diciendo: ¿Dónde está la justicia?
3. Y vi el rollo sellado con silencio, sostenido en el trueno.
4. Y las estrellas contuvieron la respiración.
5. Y el viento se detuvo.
6. Y los niños lloraban en su sueño.
7. Pero la voz del Altísimo dijo: "No los he olvidado."
8. "Aunque sus muros estén rotos y sus cantos silenciados, yo recuerdo cada piedra.
9. Recuerdo a los que danzaron ante el fuego, y a los que fueron quemados por él.
10. Recuerdo el primer pacto, y veo la sangre que aún clama desde la tierra.
11. He observado desde los lugares altos, y Mi corazón ha sido conmovido.
12. Descenderé, y caminaré entre ustedes nuevamente.
13. Pero esta vez, no vendré a mandar, sino a redimir.
14. No con relámpagos, sino con lágrimas.
15. No con truenos, sino con aliento.
16. Despertaré las piedras y llamaré a los exiliados por su nombre.
17. Los quebrantados se convertirán en constructores.
18. Los avergonzados volverán a cantar.
19. Y los que ustedes rechazaron brillarán como oro pulido.
20. Porque yo no olvido lo que el hombre desecha.
21. No borro lo que una vez soplé con vida.
22. Y escribiré una nueva canción sobre las ruinas.
23. Una melodía que solo los heridos pueden cantar.
24. Y resonará a través de las generaciones como una promesa cumplida.
25. El rollo será abierto.
26. El clamor será contestado.
27. Y el susurro se convertirá en rugido.
28. Porque yo, el Señor, he hablado, y no guardaré silencio.
29. Que repita el que oye.
30. Que se levante el que llora.

31. Y que el que estaba perdido sepa esto:

32. Nunca fuiste olvidado."

Anotaciones

Anotaciones

Anotaciones